山西博物院

Shanxi Museum

SERIES

带你走进 博物馆

山西博物院　编著

SHANXI MUSEUM

文物出版社

赠　言

　　未成年人将要承担中华民族伟大复兴的重任。关心未成年人的健康成长，关心他们的思想道德的建设是我们每个人的责任，各类博物馆不仅是展示我国和世界优秀历史文化的场所，也是未成年人学习知识、培养情操的第二课堂。

　　让这套丛书带你走进博物馆，让博物馆伴随你成长。

国家文物局局长　单霁翔

2004 年 12 月 9 日

目 录　Contents

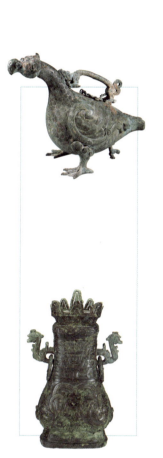

山 西 博 物 院

第一部分　走进山西博物院

在山西太原风景如画的滨河文化广场，有一座气势如虹的大型现代化综合性仿古建筑。

她俯临汾水，倒影相映，由主馆和四座角楼组成的建筑群，错落有致，巍峨壮观；

她将15.6万平方公里的黄土地上的历史精髓与文化珍宝尽收其间，成为所有三晋儿女共同的精神家园；

她就是全省最大的文物收藏、保护、研究和展示中心——山西博物院。

山西博物院的前身是1919年创建的山西教育图书博物馆。现在这座气势宏伟的新馆于2001年奠基，2004年竣工。占地168亩，建筑面积5.1万平方米，展厅面积1万平方米，文物库区1.2万平方米，总投资4.42亿元，是新中国成立以来山西省投资规模最大的文化基础设施。

作为华夏文明的重要发祥地，三晋大地雄踞华北，缓冲于游牧文化和农耕文明之间，历史悠远，底蕴丰厚。山西博物院基本陈列以"晋魂"为主题，从20

山西博物院外景

带你走进博物馆

万件院藏文物中精选4000余件珍品，组成《文明摇篮》、《夏商踪迹》、《晋国霸业》、《民族熔炉》、《佛风遗韵》、《戏曲故乡》和《明清晋商》7个历史专题和《土木华章》、《山川精英》、《翰墨丹青》、《方圆世界》和《瓷苑艺葩》5个艺术类专题，

晋字壁

以山西在中华历史长河中最辉煌的几个段落经典阐释灿烂的三晋文明，为朴实无华的黄土本色装点出无限神奇、神秘、神圣的色彩！这里以其独具特色的新石器时代陶寺遗址文物、商代方国文物、两周时期晋及三晋文物、北朝文物、山西地方陶瓷、金元戏曲文物、明清晋商文物等吸引着世界的目光！

2005年9月26日正式对外开放以来，山西博物院先后荣获我国建筑行业工程质量最高奖——鲁班奖、第七届全国博物馆十大陈列展览精品奖、全国文化遗产保护先进单位，并先后入选"第一批全国古籍重点保护单位"、"国家一级博物馆"。——在中国博物馆的天空下，崭新的山西博物院光华尽绽，魅力无限！

今天，秉承热情豪迈、海纳百川的历史情怀，免费开放的山西博物院向所有朋友张开了欢迎的臂膀。徜徉于这168亩开放式院区，鲜花、绿地、喷泉、流水、

带你走进博物馆

铜柱、浮雕,轻松惬意的空间氛围与厚重的历史文化气息里,让我们一起步入这座恢弘华丽的文明圣殿,去追怀那些久远的人和事……

历史文化浮雕列柱

第二部分　晋魂不老

带你走进博物馆

　　亲爱的朋友，你可曾踏足山西这片黄土地？你是否想过，波澜壮阔的中国历史长河里，古老的山西和山西人曾经扮演着怎样的角色？走进山西博物院的"晋魂"陈列，伴随着一曲曲壮美的三晋历史绝唱，去感知这片华夏文明的重要发祥地吧！你听，北方游牧人的马匹正与中原的耕牛竞相嘶吼；你看，勤劳、勇敢、智慧的三晋儿女已在历史的天空下营造出一道道美丽的风景。昨天、今天、明天，这风景串连成动人的晋之风韵，串连成不老的晋魂！

一、往事如歌

昨天，同一片蓝天下，同一块土地上，曾经的艰难岁月，曾经的成就辉煌。回首往事，如歌般动听……

（一）童年记忆从西侯度开始

也许，我们会常常自问："人从哪里来？"当科学的发展打破了我们对于"女娲造人"、"盘古开天地"等神话传说的迷信，更多的人将目光聚焦在人类考古学的前沿。

提起中国的古人类，很多人会很自然地想到距今50万年之久的"北京猿人"，想到著名的"北京周口店"，甚至想到170万年前云南"元谋人"，但很少有人了解距今有180万年历史的山西西侯度遗址。在山西博物院，我们对于人类童年往事的追忆就从这里开始了。

西侯度，是山西南部黄河岸边的一

三棱大尖状器　旧石器时代

个小山村。1959年这里被考古学家发现。半个世纪以来，这里先后发现了大量打

带你走进博物馆

制石器、动物化石和一些动物烧骨遗迹。当时,我们的祖先打制的石器还称不上精美,甚至过于简单和粗糙。它们是目前中国发现的最古老的石器。与这些石器同时出土的是一些体格庞大的猛兽化石,比如:披毛犀、粗壮丽牛、平额象等等。当简单打制的石器和猛兽化石同时呈现于眼前,一种发自内心的震撼油然而生。曾经,有很长一段时间我们的祖先就是靠着笨拙的石器和简单的棍棒与这些庞然大物争生存!

经过漫长的一百多万年,到距今十几万年的时候,在山西南部汾河流域以丁村人为代表的古人过着以采集和捕鱼

西侯度出土文物展示实景

为主的生活，而在山西北部的桑干河流域，生活在许家窑一带的人类则用自己发明的投掷石球追逐着成群的野马、野驴，以狩猎为生。也许，从这时候起历史就开始了晋南晋北不同的生活格局。

在生活的积累中，古人学会了用火、开始吃熟食，发明了弓箭能够远程射杀猎物，大大拓展了生存空间。古人还逐渐学会了建造房屋，开始定居生活，学会了烧制陶器，逐步开展自主的农业生产。

人类用了自己历史长度的99%才走出蒙昧，艰难地迈入了文明的大门。而这99%的漫漫时光，留给今天山西的是300余处旧石器文化遗存和2000余处新石器文化遗存。它们遍布三晋大地，灿若繁星，见证着早期人类对这片黄土地的情有独钟，最早的中国人选择从这里出发向文明迈进。

带你走进博物馆

（二）最早的观象台

中国人被称为炎黄子孙、尧舜禹的后代。那么，我们的祖先尧、舜、禹曾经生活在哪里？当众多的史籍资料将他们的空间方位指向山西南部，与尧舜禹文化同时期的襄汾县陶寺遗址的发掘成为学术界最大的期待。

陶寺遗址距今有四千多年的历史，与史料记载中的尧文化在"时间"和"空间"上都具有契合点。这是一处古城址、古墓葬与古代居住遗址并存的大型遗址，总面积达430万平方米，相当于10个天安门广场的面积总和。

20世纪70年代以来，在陶寺遗址的古城址中，考古工作者陆续发现了规模庞大、分布有序的祭祀区、宫殿区、墓葬区。显然，这已经不是一个一般意义上的原始部落居住区。

此外，在陶寺遗址还有一项重要的发现。这就是2004年发现的一处由11个形状各异的夯土柱基址组成的观象台遗存。此遗存为半圆形建筑，直径约50米。以观测点为中心，11根夯土柱呈扇形辐射分布。从观测点向夯土柱望去，正对着东方的塔儿山。专家推测，在时间纪年和历法形成之前，古人就是利用柱缝观测日出来判断时节。当时，可能每一个柱缝都对应着相应的节气。

当这样一个重要发现呈现在世人面前，兴奋和激动之余，我们可以知道：

1. 观象台观测的结果，对于当时的农业生产无疑具有非常重要的意义。毫不夸张地说，观象台的观测可以指导这个庞大的人类群体开展农业生产活动。

2. 这看似简单的观象台是古人长期生活经验的积累和智慧的结晶，也是今天我们所使用的二十四节气的源头。

3. 在中国的古代文献《尚书·尧典》中就曾经有关于"敬授民时"的记载。尧

陶寺观象台遗址　新石器时代

帝遵循日月星辰的规律，制定历法，指导人们从事耕作，但是，对于尧帝如何观天象却没有记载。数千年后，这一重要发现用最直观、最生动的形式给了我们答案。

4.陶寺观象台建成于大约公元前2100年，比著名的英国巨石阵（公元前1680年）还要早500年，是目前世界上最早的观象台，是悠久华夏文明的重要见证。

为了与公众分享这一成果，山西博物院在《文明摇篮》展厅复原了遗址中的三根夯土柱，通过声光电技术，让观众亲身观测霜降前后塔儿山主峰上的两次日出。祖先的杰出智慧与卓越创造，让我们相信，这片神奇的土地必当孕育出一个伟大时代。

观象台复原场景

带你走进博物馆

（三）山西为何简称"晋"

众所周知，山西简称为晋，但这简称是因何而来呢？这还要从"桐叶封弟"的美丽传说开始说起。

大约三千年前，年少的周成王将自己的同胞弟弟叔虞封到了古唐国。一千年后，司马迁将这段历史演绎成"桐叶封弟"的美丽传说，并记录到《史记》中流传至今。叔虞死后，他的儿子燮父继承了封地，并最终将唐国改名为"晋"，这便是"晋"的渊源了。

按照史料记载，叔虞最初所受封的唐地，是一个刚刚被周公平息叛乱的小国，方圆不足百里，多民族杂居在一起。由于史料记载有限，除了晋文侯勤王迁都的一瞬辉煌，我们对于晋国早期的历史了解甚少。直到人人熟知的晋文公重耳多难兴邦，并在著名的城濮之战中大胜楚国，建立百年霸业，似乎在一夜之间，一个弱小的诸侯国摇身一变成了强大的霸主。其间究竟经历过怎样的过程，我们不得而知。

由于缺乏确凿的证据，长久以来，关于晋国早期都城的确切位置究竟在哪里，学术界众说纷纭。直到 1992 年，北京大学考古系和山西省考古研究所在山西曲沃县北赵村发现晋侯墓地，才为这延续了上千年的争论最终画上了句号。

晋侯墓地东西长约 170 米，南北宽约 130 米，经过 6 次大规模发掘共发现 9 组 19 座晋国国君和国君夫人的墓葬，包括了从西周早期第一代晋侯燮父到春秋早期的晋文侯共九代晋侯及其夫人的墓葬。这是一座富有的晋国国君陵园。截至目前，晋侯墓地出土的精美器物已达上万件。众多的青铜器与玉器，繁缛与质朴并行，或写实，或虚幻，变幻多姿的装饰手法让人眼花缭乱，无声地为我们敞开一扇了解晋国早期历史的大门。

带你走进博物馆

众多精美文物中，出土于第一代晋侯燮父墓的一件鸟尊格外引人注目。鸟尊高39厘米。整体以凤鸟回眸为主体造型，在凤鸟的腹背上一只小鸟静静相依，巧妙地形成了鸟尊器盖上的捉手。凤鸟的尾部一只可爱的大象探出了脑袋，它长长的鼻子恰到好处地与凤鸟的双脚形

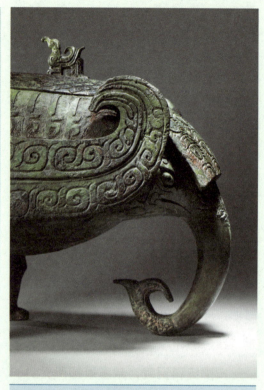

鸟尊局部

成三足鼎立之势，保证了鸟尊的稳定性。在此，鸟与象这两种西周时期最流行的动物装饰形象完美组合。在器物表面羽纹、云纹、雷纹、羽翎纹等各种花纹疏密有致，覆盖整个鸟尊，使之成为中国青铜艺术宝库中罕见的珍品。鸟尊盖内和内

鸟尊 西周

底都铸有相同的铭文"晋侯作向太室宝尊彝"，表明这是晋侯宗庙祭祀时使用的一件礼器。

鸟尊内底铭文

面对着这件姿态昂扬、健壮有力的鸟尊，我们似乎能从中感受到一种蓬勃向上的活力，似乎能感觉到当年的燮父励精图治的雄心壮志，我们就不难理解为什么经过几代晋侯的发展，年轻的晋国能够迅速强盛起来，在战乱纷争的春秋时期，成为辉煌史册的"春秋五霸"之一，称霸中原上百年。时至今日，生活在这片土地上的我们，仍以此为荣，并以其作为这片土地的代名词。

我们骄傲于晋国人创造的这段辉煌与奇迹，我们自豪地将自己生活的这片土地称为"晋"。而这件精美绝伦的鸟尊无疑是浓缩着三晋文明之魂、精神之魂的优秀代表。

带你走进博物馆

（四）侯马铸铜：管窥晋国"青铜之都"

在山西博物院的展厅里，古人铸造的青铜器用途各异，件件精美，它们更多的是代表着时代之美的艺术品。

出土于晋侯墓地的晋侯臣斤壶，高达68.8厘米，造型恢弘大气，纹饰流畅华美。镂空的波曲形华冠犹如盛开的莲花，山形的镂空捉手与"莲花"融为一体。衔环的双耳设计为象首造型，却在大象上扬的长鼻上神奇地衍化出曲体的龙形。壶体上龙纹、兽目交连纹、波曲纹、鳞纹疏密相间，将西周青铜艺术之美和青铜匠师的巧思表现得淋漓尽致。

出土于山西长治分水岭的一件青铜器，名叫"铜牺立人擎盘"。它整体造型是站在神兽的背上的一名女子正举着一

晋侯臣斤壶　西周

铜牺立人擎盘　战国

个镂空的圆盘。神兽装饰华丽、神态柔和；女子衣纹清晰，发丝根根可辨。更令人称奇的是，她举着的圆盘至今仍然可以随意转动，而在她手中长握了两千多年的圆柱竟然还可以拆卸。在通高仅14.5厘米的器物之上能够设计制作如此精致完美的画面，令人称奇！

当一件件美丽的青铜器让人迷醉，你可曾由衷赞叹古代青铜匠师那高超的技艺？是否会对古代的青铜铸造技术充满好奇？这里将带你到两千多年前的晋国都城新田的"青铜加工厂"里，去看一看那些精美的青铜器是如何制造出来的。

这个"青铜加工厂"是20世纪60年代在山西侯马晋国遗址发现的两处铸铜遗址，它们相距仅四五百米，总面积近5万平方米。一处以生产礼乐器为主，一处以生产工具为主。在这两处遗址中，考古

侯马晋国铸铜遗址　东周

工作者共发现了铸铜的陶范5万多块，其中完整、能配套的近千件，还有熔炉、鼓风管、刻刀等生产工具数以万计，它们基本完整地向我们展示了东周时期青铜铸造的各道工序。

以铸造一件编镈（bó）为例，工匠们首先制作出简单的样模，这一步类似于今天的设计工作。样模设计出来之后，工匠们按照样模精心刻制出一块块的小模块，这些小模块拼合起来就是样模整体，这一部相当于将样模分解开来。接下来，工匠们要按照刻制好的模块翻刻出外范，并为外范配置范芯。也就是做好了铸造编镈的模子。将外范和范芯倒置放好，再将配置好的高温铜液通过预留的小口倒入。等待铜液冷却后，将外范打碎，铜液已经按照模子的样式变成了精美的编镈了。

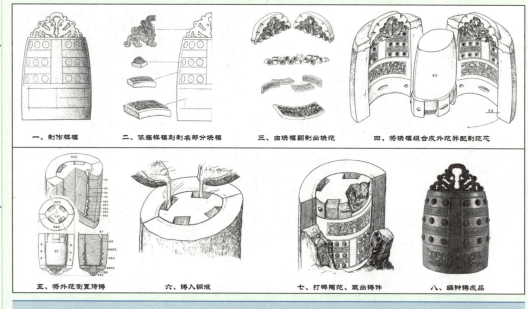

一、制作样模　　　二、依据样模刻制各部分块模　　　三、由块模翻刻出块范　　　四、将块模组合成外范并配制范芯

五、将外范倒置待铸　　　六、铸入铜液　　　七、打碎陶范、取出铸件　　　八、编钟铸成品

编镈铸造流程图

千万不要错以为铸造青铜器原来如此简单。在整个过程中，每一道工序都是需要很高的技术含量的。比如，陶范的选料、雕刻、阴干，铜液中的铜、锡、铅等成分的比例掌握等等。作为青铜铸造作坊，这里采用的类似于活版印刷技术的组合成模或者成范的技术，无疑提高了模具的重复使用率，提高了工作效率，为青铜器的批量生产提供了条件，从而保证了源源不断地满足贵族的奢华生活需要。由于时间的久远，我们这里只能通过那些留存陶范来

认识工匠们的高超技艺了。

这件饕餮纹模，是铜鉴的腹部的一块块模，弧面长42厘米，宽18厘米，按照它的弧度推算铜鉴的直径应该在1米以上。模面上半浮雕的饕餮长眉大口，锋利的獠牙外露，一幅凶猛的模样。浮雕之上，浅细的花纹或密不透风，或疏朗有致。正是，那些杰出的古代匠师以刻刀为笔、以泥胎为纸，刻画出如此精致的模具，才有了一件件精美的青铜艺术珍品。

需要指出的是，侯马晋国遗址是晋

饕餮纹模　东周

国晚期晋景公迁都新田后的遗存，此时晋国的国力已经大大衰微。并且我们今天幸运发现的这两座铸铜遗址还不能确定是新田最大的铸铜作坊。那么，我们不禁去遐想，百年霸业中的晋国青铜铸造该是怎样的一幅繁荣景象？

1712年，曾在景德镇生活达七年之久的法国传教士殷宏绪这样描述他所看到的"瓷都"："从各处袅袅上升的火焰和烟气，构成了景德镇幅员辽阔的轮廓。到了夜晚，它好像是被火焰包围着的一座巨城，也像一座有着许多烟囱的大火炉"。两千多年前，当夜幕降临，在中原霸主的晋国都城里，那座繁忙的"青铜之都"应该也是同样一番热火朝天的动人景象吧！

（五）北朝：三晋大地的繁华一梦

公元398年，鲜卑民族建都平城（今山西大同）；公元550年，北齐王朝以晋阳（今山西太原）为陪都。古老的黄土地成为这个历史时段一块耀眼的风水宝地。当繁荣的隋唐盛世还未来临，北齐的陪都晋阳城已经发展成为一座高官云集、万国来朝、商旅接踵的国际大都市。在中国历史上规模最大的民族融合的背景之下，地处农耕文化和游牧文化交汇地带的三晋大地灿烂多姿的艺术之花遍地开放。

随着中国考古事业的发展，考古工作者在山西各地陆续发现了许多北朝贵族和高官的墓葬。而在众多高级墓葬中，北齐东安王娄睿和武安王徐显秀墓壁画的发现曾一度引起学术界的轰动。

娄睿，是鲜卑人，出身于东魏、北齐两代地位显赫的娄氏家族，是北齐武明皇太后娄昭君宠爱的亲侄子。根据史料记载，娄睿是一个纵情财色、贪图享乐之人，他的一生在"加官、免职、再加官"的反复中步步高升，是手握重兵、镇守陪都晋阳的高级贵族。当然，也只有这样的人，才有可能不计成本、费尽心机的去经营自己未来的长眠之地。

晋阳（今太原）是娄氏家族的世居之地，娄睿墓1979年被发现于太原市王郭村。墓中精美的壁画是该墓最重要的发现，虽有相当一部分遭到自然或人为的破坏，但仍保存下来近200平米，共71幅画面，生动形象地再现了墓主人生前显赫的生活场面和死后飞升天界的虚幻妙境。墓中的每幅画，既单独构图，又前后呼应，有乐队、马队、骆驼队，场面宏大，内容丰富，宛如一幅打开的巨型连环画卷。而壁画上众多的马匹和骆驼，则是最引人入胜的地方。如此大型的北齐壁画精品，丰富了我们对于当时民俗、服

带你走进博物馆

睿墓壁画出行图局部　北齐

饰、绘画等方面的了解，填补了我国美术史上的空白，经过专家研究认为娄睿墓壁画极有可能是出自北齐擅画鞍马的著名宫廷画师杨子华之手。

娄睿墓壁画的发现曾轰动一时，我国著名绘画大师吴作人参观之后，曾这样评价："北齐东安王娄睿墓的发掘，使千百年徒凭籍志、臆见梗概的北齐绘画陡见天日。"

徐显秀墓墓室壁画全景　北齐

如果说，娄睿墓是轰动一时的艺术大发现，那么，2000 年发现于太原市王家峰村的徐显秀墓则以更加绚烂的身姿、更丰富的内涵引得世人去遐想那个时代的这片土地。

徐显秀，是恒州忠义郡（河北北部）人，出身边镇高级官员世家。北魏末年，天下纷乱，先追随尔朱荣，后追随高欢，作战勇猛，屡立战功，是一位久经沙场的高级将领。571 年，70 岁的徐显秀死于晋阳家中。

徐显秀墓的墓道两侧和墓室内壁绘满壁画，内容有壮观的仪仗队、华丽的家居宴饮图、出行图等，总面积达 330 平米，其中尤以墓室壁画最为精彩。倘若置身墓室，四壁那些比真人还要庞大的生动人物绘画会让你在瞬间感觉到自身的渺小。仰视头顶，圆形的穹庐顶仿若天

际，其上繁星点点，朵朵莲花散缀其间。良辰美景中，雍容华贵的徐显秀夫妇正端坐在家中宴饮，众多侍者在旁听命，还有一支乐队在专注地为这次宴会演奏着。在两侧是庞大的出行队伍在等待着主人出行，是要远赴沙场，还是一次愉快的郊游呢？

在徐显秀这个汉族人的墓葬中，我们能够发现众多的外来文化因素，不仅众多人物深目高鼻绝非中原人种，还有很多中西亚的装饰图案。透过这些，我们看到一个多民族文化大融合的繁荣历史背景。

无论是娄睿墓，还是徐显秀墓，抑或是同时期发现于山西的韩裔墓、库狄廻洛墓，这些达官显贵的墓葬展示给我们：这片繁荣开放的热土，正徐徐拉开了隋唐盛世的序幕……

（六）明清晋商传奇

明清之际，西方工业文明将辉煌的中华文明古国远远抛在身后，山西商人成为那个特殊时代里中国人鲜有的骄傲与自豪。梁启超先生在出席山西票商欢迎会的演说词中曾说过这样一段话："鄙人在海外十余年，对于外人批评吾国商业能力，常无辞以对。独至有历史、有基础、能继续发达之山西票业，鄙人常以此自夸于世界人之前。"也许，这代表了当时一大批爱国者的心声。无论晋商的辉煌曾留存多久，它的走过的历程值得后人久久回味。

明朝初年，政府开始经营北部边防，并最终将都城迁至北京。为了稳固北方，朝廷设置"九边重镇"驻守北方沿线。于是，一个庞大的军饷消费区形成了！为了供给军需，大量的人力投入到运送粮草的长途跋涉中，百姓苦不堪言。

为解决这一难题，朝廷采纳当时山西行省的建议，开始实施"开中盐法"，即：商人把粮草交到指定的边仓后，边仓发给商人收到粮草的证明，商人拿着证明到指定的盐运司或盐课提举司换领盐引，即贩盐许可证。然后，凭盐引到产盐地领取一定数量的食盐，再运到政府批准售盐的地区销售。

难得的历史机遇和得天独厚的地域优势共同向山西商人敞开了发展之门。自此，各地百姓结束了输送粮草的苦难，取而代之的是不畏艰辛的山西商人走西口，出塞外，阵阵驼铃声，一路汗水洒，输送粮草，贩卖食盐，渐渐崛起于商界。

富起来的山西商人不再仅仅满足于从事纳粮输盐的贸易，大江南北的闯荡中，他们开阔了眼界，他们发现老家山西拥有着丰富的资源，从运城的盐池，到潞安府的潞绸，以及遍及全省的铁矿和煤炭等等。他们开始借助当时山西便

带你走进博物馆

利的交通条件，把这些资源输送到各地，再把各地的特产带回来。

随着多元化经营的开展和生意的日渐做大，商品流转和资金调拨结算随之频繁，现钞和金银的运输成为一大难题。有了雄厚财富积累的山西商人，创造性地开办了以金融汇兑为主要业务的票号。到19世纪，清道光初年，中国历史上第一家票号在山西平遥开办起来，这就是日升昌。日升昌票号位于今天山西平遥城内西大街，外雄内秀，可以说它是世界银行业的始祖。

到清光绪中期，晋商票号发展到鼎盛时期，最多时达到30多家，分号达400余家，遍布中国的85个重要城镇及周边的蒙古、朝鲜、日本、韩国等国的一些城市，

日升昌票号票号场景

日升昌票号印章　清代

甚至包括法国的巴黎、英国的伦敦等世界金融中心都开设了晋商票号的办事处，构成了四通八达的金融汇兑网络。

　　晋商票号总号大多数设在山西的祁县、太谷、平遥三地。根据经营需要，前期晋商发展重心在北方地区，分号以京师为中心。中期则海陆并重，在边疆沿海大设分号，北京、天津、上海、汉口成为票庄集中的四大中心。这些票号的设立解决了运送现银的困难，加速了

资金周转，促进了中国商业、金融业的繁荣和经济的发展。

　　山西票号从清道光年间创立，到清朝末年衰亡，共存在了百余年的时间，先后设立了43家票号，创造了亿万两白银的收入。晋商在经营中形成了自己一套独特的经营管理办法。如果说今天现代化的银行交易系统，可以通过密码设置的方式认证交易者，那么，在票号运营中，各家票号的分号是如何辨别汇票的真伪呢？原

来，随着业务的开展和管理的成熟，各票号的汇票还具有各自独具特色的"防伪标识"，这就是形式多样的印章。他们中包括"骑缝章"、"押款章"、"落地章"、"防伪章"、"图像肖形章"和"押章"等。从而保证了交易过程的安全。

山西商人开办于各地的票号生意兴隆，大量金银经晋商票号流通。毫不夸张地说，山西商人掌控着当时全国的经济命脉。于是，不可避免地，山西商人的命运和清王朝的命运联结在了一起。随着清王朝的没落，晋商没有及时找到新的发展道路，"有历史、有基础"的晋商未能继续发达，他们的辉煌很快成了明日黄花。但是，经过百余年的经营，晋商已将开拓进取、诚信重义、团结协作的晋商形象永远地留给了世人，那一座座幽深的晋商庭院至今仍在把他们的故事久久诉说。

二、三晋儿女

一方水土养一方人。循着先辈的足迹，去找寻滔滔黄河、绵绵汾水，还有那层层叠叠的黄土地，给了我们怎样的血脉和脊梁。

（一）杨姞：埋葬在晋侯墓地的神秘女子

在漫长的中华文明史中，能够在史册上留下姓名的女性乃凤毛麟角。提起中国古代的杰出女性，人们也许很容易想起一千多年前的一代女皇武则天，一百年前曾左右中国命运的慈禧太后。在这里，我们将随着考古工作者一起走进山西曲沃晋侯墓地，去认识一位两千多年前的神秘女子。

在晋侯墓地，考古工作者先后共清理出19座大墓。经过研究认为，其中18座分别是九代晋侯及其夫人的墓葬，还有1座是第八代晋侯穆侯的次夫人。

而当考古工作者打开那座尘封了两千多年的穆侯次夫人的墓葬的时候，人们惊呆了：精美的青铜器、玉器令人眼花缭乱、叹为观止。这位次夫人的随葬品多达4280余件，仅玉器就达800多件。这样的陪葬阵容，让穆侯本人的墓葬也显得逊色了许多。

丰富的随葬品中，一套展开长度近2米的玉组佩最令人瞩目，它也是整个晋侯墓地最大的玉礼器组合。玉组佩由204件料珠、玛瑙管和各式玉饰件组成，工艺

玉组佩　西周

精湛，组合豪华。每件玉饰之上都雕刻有精美的纹饰，并设计有穿孔，以便串联或缀合。最下端的2只玉雁更是晶莹剔透，栩栩如生。这套华丽的贵族装饰品无疑是对西周治玉水平的完美阐释。

玉戈是由兵器演化而来的、象征权力的礼器。但是在这位次夫人的墓葬中，仅各式精美的玉戈就有12件。其中有一件长36.2厘米的人首神兽纹玉戈，在玉戈的一端雕刻有诡异奇特的人首神兽纹。最精彩的是，在雕刻头发时，匠师竟然可以在1毫米之内平行雕刻5、6根发丝！今天的我们在纸上绘画尚且难以达到如此精细，更何况古人是在玉石上雕刻，不得不让人称奇。

人首神兽纹玉戈　西周

人首神兽纹玉戈纹饰（局部）

在这位次夫人墓椁西北角的一个铜盒内盛满了各种晶莹剔透的小玉饰，有玉人、玉牛、玉熊、玉龟、玉鹰、玉螳螂等。它们一个个精雕细琢，传神生动，将一个华贵女子的情怀悄悄展现。

从随葬的一对青铜壶的铭文中，考

玉螳螂　西周

古学家发现了"杨姞（jí）"这个名字，推测可能这应是墓主人的名字。按照当时的语言习惯分析，这可能是一位从杨国嫁到晋国的姞姓女子。这就是今天的我们所能找到的关于这位次夫人的全部资料。

既然死亡无可避免，墓葬就是定格人生的终点。因为不知道这位次夫人的人生历程，我们才会在两千多年后的今天面对这完美的句号遐想万千……

面对这位次夫人和她豪华的随葬阵容，很多人自然而然的想到：这可能是一位得宠的晋侯小妾。然而联系到她所生活的西周时代，熟悉历史的人们自然会联系起那个等级化的社会：以宗亲血缘关系为纽带的宗法制度,等级明确、礼法森严。在这样的社会里,一切都有约束,都有定制和礼法。那么,在这样的背景下,一个晋侯次夫人可以凭着受宠就入葬神圣的晋侯墓地吗?因此,我们更愿意相信这是一位对晋国有过杰出贡献的女性,她的贡献可以让她理所当然地享有如此丰厚的随葬,可以让她破例埋葬在晋侯墓地。当然,这一切都还是猜测!浩瀚的史料遗忘了这样一位三晋女子,我们期待着更多的考古发现和更深入的研究让我们走近这位神秘的次夫人和她的故事。

（二）赵简子：太原城的开创者

提到山西的省会太原，是一座拥有2500年历史的古城。而这2500年的起点指的就是史书所记载的：公元前497年，晋国正卿赵简子的家臣董安于已在奉命营建晋阳城。

赵简子是著名的历史人物赵氏孤儿赵武的孙子。家喻户晓的"东郭先生和狼"的故事中将狼追得躲进东郭先生口袋的少年将军就是赵简子。赵家先祖赵衰曾忠心追随落难的晋国公子重耳游历列国。后来重耳掌了权，称晋文公，赵衰获得封赏，赵氏家族兴盛起来。到赵简子之时，晋国政坛上涌现了很多大宗族，其中韩、赵、魏、范、中行、智六家最大，史称"六卿"。六卿争权斗争激烈、纷争不断。

为了拥有一个稳固的后方和政治大本营，深谋远虑的晋国正卿赵简子命家臣董安于精心经营晋阳城。赵简子在晋阳城积极推进政治改革，招贤纳士，为后来的赵国储备了雄厚的实力。他通过长达九年的政治斗争，击败了范氏、中行氏两大家族，奠定了韩、赵、魏三家分晋的发展雏形。赵简子死后，长眠于自己倾注了大量心血的晋阳城。韩、赵、魏三分晋国以后，赵简子的儿子赵襄子在实力雄厚的晋阳城建都，雄踞一方。

1988年，在太原南郊金胜村，一座三重棺椁的大型积石积炭木椁墓被发现。据研究考证，墓主人应该就是春秋晚期晋国的执政正卿赵简子。该墓拥有16辆车和44匹马的大型陪葬车马坑，随葬器物达3421件，仅青铜器就达1402件，并且大多为新铸，也就是为陪葬而特意铸造的。礼器、乐器、兵器、车马器、生产工具、生活用具，青铜、玉石、玛瑙、水晶、玻璃、绿松石、金器、骨器、蚌器等应有尽有，大多青铜鼎中还有牛、羊、雁等牺牲的骨骼，这是葬礼中举行过盛大祭祀仪式的证明。

　　赵卿墓墓葬规格和随葬礼器表明，赵简子已经僭越了诸侯之礼。这一方面反映出春秋时期"礼崩乐坏"的社会背景，另一方面也显示出赵简子在晋国显赫的地位，从侧面印证了史料所记载的，赵简子在晋国名为正卿，实际上已独断晋国政权。

　　赵卿墓中出土的附耳牛头螭纹蹄足镬（huò）鼎，两耳间距129厘米，重达220公斤，是目前国内发现的春秋时期最大的青铜鼎。根据《周礼》记载，镬鼎是用来煮牺牲的，依形制大小可分为牛镬、羊镬和豕（猪）镬。出土时，这件镬鼎内

附耳牛头螭纹蹄足镬鼎　春秋

放有牛肩胛骨一块，并且参照该鼎的大小推断它应该是煮全牛的牛镬。它气势磅礴，无声地昭示着主人的威严与高贵。器身上精细繁缛的花纹更是将它装点成一件不可多得的珍品。

赵简子一生能征善战，勇敢非凡。据史书记载：公元前493年，以正卿赵鞅为代表的晋国与范、中行两卿军事对抗，赵鞅率领的晋师与给范氏送给养的郑国军队在戚（今河南濮阳北）相遇。在郑众晋寡的不利局势下，赵鞅为取得胜利，向全体战士起誓："克敌者，上大夫受县，下大夫受郡，……"在如此重赏之下，大大鼓舞了晋军斗志，他本人更是身先士卒，率车冲入敌阵，被郑军击中，爬在弓袋上不停咳血，仍坚持指挥，奋勇杀敌，最后夺得郑军帅旗，大败郑军，攻占铁丘（戚之南）。这就是著名的铁之战，晋国征讨范、中行两卿之战的重要转折点。

赵卿墓内随葬有大批兵器和阵容庞大的车马坑，不仅仅是赵鞅生前政治军事实力的反映，而且也是其能征善战的戎马生涯的真实写照。随葬品中有一件虎鹰互搏鋬内戈，经过两千多年的地下

虎鹰互搏鋬内戈　春秋

埋葬，至今仍可见锋利的刃部。它的长度仅20.3厘米，但制作精工，纹饰华丽，戈上雕有猛虎与雄鹰正拼死搏杀的惊险场面，隐隐向我们传递着那个时代的血腥与残酷。也许，这位战绩卓著的将军即便是长眠于地下，也随时准备着奔赴沙场吧。

2500年后的今天，在自己所建设的古晋阳城里，赵简子获得了自己的新生。在山西博物院《晋国霸业》展厅，现代化的光影展示之下，一件件随葬品精致呈现，那严阵以待的车队似乎正等待着主人出发的号令，那套宏大的编钟似乎正在为主人演奏悦耳的天籁。在这里，我们跨越2500年的时空间隔，走进属于赵简子的"天堂"。

（三）司马金龙：1500年前的贵族"混血儿"

层层黄土掩埋了多少精彩的往事和人物的命运变迁啊？

1965年，在山西大同市城东7.5公里处石家寨村西南发现了北魏时期的司马金龙及其妻子的夫妇合葬墓。墓中出土的随葬品既有鲜明的游牧文化风格，又有传统中原文化的元素。这位主人的渊源还要细细说起。

公元398年，发源于大兴安岭、不断南迁的拓跋鲜卑人在平城（今山西大同）驻足，建立了北魏王朝。为了统治需要，鲜卑人积极吸收汉族先进文化，大量重用汉人士族地主为官。泰常四年（419年），东晋王朝发生宫廷政变，刘裕为了夺取皇位，开始诛杀皇室司马家族。司马楚之逃到平城，投奔了北魏。司马楚之降魏后得到北魏统治者赏识，仕途亨通，娶得河内公主为妻，并获封琅琊王，生子司马金龙。

司马金龙的随葬品中有一件红色的木板漆画，长82厘米，宽40厘米，它是墓室屏风幸存的一部分。面对如此色泽鲜艳的木板漆画，人们很难相信，它已

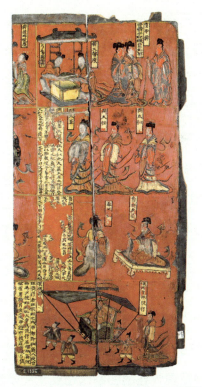

木板漆画　北魏

带你走进博物馆

经有1500多年的历史，曾经长埋于地下1481年之久。漆画的内容取材于西汉时期的刘向所编写的《列女传》一书，画师以流畅娴熟的笔法生动描绘了娥皇女英、班婕妤等女子的故事。画面的间隙还有毛笔书写的大片题记和榜题文字。这些文字似隶非隶，似楷非楷，是当今难得一见的北魏墨迹。经研究，漆画的绘画风格和技法与东晋著名画家顾恺之的极为相近。

墓中还随葬有一件石雕柱础，推测它可能是屏风的底座。柱础32厘米见方，高16.5厘米，顶部设计为莲花形，突出部分高浮雕有蟠龙和山形。方座四角各有一个圆雕的伎乐童子在做击鼓、吹觱（bì）篥（lì）、弹琵琶和舞蹈表演。伴着悠扬的音乐，蜿蜒的蟠龙穿梭在神圣的须弥山间，莲花遍地盛开，这该是怎样的一种意境？柱础的制作在继承和发展中

石雕柱础　北魏

国雕刻技法的同时，大量吸收佛教文化和西域文化的营养，是民族大融合的艺术结晶。

墓葬是对死者生前生活的再现。通过司马金龙墓的发现，我们看到了这位1500多年前的"混血儿"贵族，成长于北魏王朝的"天子脚下"，但传统汉文化对于他仍然有着很深的影响。这些精美的随葬品，跨越时空无声地阐释着那个民族大融合时代的精彩，展示着黄土地特有的吸引力。

（四）虞弘：莫问故国在何处

在你的脑海里，一个人的"风光大葬"可以奢华到什么程度？你是否会相信，1400多年前的人们会从数百里之外运回近十吨的汉白玉石材为一个外国人制作金碧辉煌的棺椁？

1999年7月，山西太原王郭村发现了一座隋代的大型墓葬。这座沉睡了1400年的墓葬，犹如一座宝库，散发出浓郁的异域风情，华丽而神秘地展现在世人的面前。

各类随葬品中，最令人关注的是一座精美的汉白玉石椁。它长2.95米，宽2.2米，高2.17米，整体造型为仿木结构的三开间歇山顶建筑。以往的考古经验告诉我们，隋唐时期仿照歇山顶建筑的墓椁仅出现于当时皇室成员的墓中，并且一般使用的都是当地较普通的石材。然而，这座石椁竟然采用了上等的汉白

汉白玉石椁　隋代

玉。经过研究认为这种石材应产自于河北沧州。是什么人值得从数百里外运回上等汉白玉为其制作石椁呢?

仔细观察,我们发现整个石椁的外壁布满了精美的浮雕装饰,浮雕画面饰有彩绘并且局部描金,使得石椁金碧辉煌,色彩斑斓。再细看,我们惊奇的发现浮雕上所有的人物都是深目高鼻,找遍石椁的50多幅装饰图案竟然没有一个中原人!

浮雕的内容是举行宴饮、观看乐舞、户外射猎以及家居和行旅的场面。画面中的人物服饰华丽而怪异,甚至连他们正在采摘的水果我们也叫不上名字来。石椁正面描绘的是男女主人在帐中欢宴、欣赏歌舞的场面。画面中有一位男性舞者脚踏圆形小地毯,飞快旋转,衣带飘飞,这让人联想到粟特人的"胡旋舞"。而石椁浮雕画面上二人恭敬的围着火坛的情景,又让我们不禁想起曾盛行于中亚的拜火教。

汉白玉石椁局部

埋藏于石椁底部的墓志告诉我们,墓主人叫虞弘,鱼国人,自13岁起,任柔然高官,曾出使波斯、吐谷浑等国,出使北齐时被留任,相继在北齐、北周和隋三代为官,北周时曾任"检校萨保府"一职(萨保府是当时一个掌管入华外国人事务的机构)。隋开皇十二年(592年),60岁的虞弘死于隋仪同三司任上。然而,翻阅中外史料,学者们竟然没能找到关于"鱼国"的任何记载。更为令人不解的是，在石刻的墓志上所有出现"鱼国"的地方，"鱼"字都有明显的被修改过的痕迹。这又是为什么呢？面对层层疑问，无数的考古学家、历史学家、人类学家、社会学家都试图找到虞弘真正的归属，许多中西亚的学者亲赴山西太原试图求证墓主人的民族渊源。虽然，墓主人夫妇人骨和DNA分析结果已表明，他们具有地中海欧洲种族序列特征，然而，他们究竟来自哪里，至今还没有定论。

我们无法得知，这位虞弘先生何以离开故土跋涉千万里周游各国；我们也不知晓，是怎样的理由让他最终选择在晋阳古城驻足。但是，当一位60岁的老人客死异乡，并选择将尸骨与生活多年的黄土地融为一体的时候，可能已将所有情感都给了这座城市和这里的人民，不再一味地去追忆那童年记忆中的故国了吧。

（五）傅山：一身香傲骨 奇倔四百年

明清之际，在山西太原地区有一位学界泰斗，他淡漠功名，却一生充满了坚忍不拔的战斗精神；他的事迹生平不见于正史记载，甚至连专门记载地方历史陈迹的县志、府志，也只有廖廖数语，然而他的声誉之大，影响之深，在当时整个山西乃至全国也称得上声名遐迩。他就是著名的学者、书法家、诗人、医学家傅山。

傅山像

傅山一生有三件事彰显了他的处世之道。32岁时，他曾作为山西的学生领袖，率领全省诸生进京请愿，为恩师袁继咸昭雪平反冤案，声震朝野。中年，曾秘密从事反清活动20余年，49岁时被捕入狱一年有余，在狱中抱定必死的决心，几经严刑而不屈，最终获释。晚年，他主要从事著述，曾先后接待或拜访了顾炎武等大批文人、学者，实际上成为在野的思想文化界领袖之一，但是为了拒绝参加清廷为笼络汉族知识分子所举办的博学鸿词科考，拒绝在清廷为官，他竟在73岁高龄时绝食7日以示抗议。

傅山的前半生，是明王朝最后的37年，各地战火连年，民不聊生。明王朝内部，阉党和东林党之间的斗争此起彼伏。傅山的后半生是进入清王朝统治中国的最初40年，清军野蛮镇压、屠杀和掠夺，汉族人民奋起反抗，这又是一段血腥而动荡的历史！在这样一个矛盾交织、激烈动荡的时代，傅山以别具一格的奇倔书风抒发着一个愤怒灵魂的呐喊！明亡后，为表示对清廷剃发的反抗，他出家为道，因身穿红色道袍，便自号"朱衣道人"，别号"石道人"。朱衣者，朱姓之衣，暗含对已经灭亡的明朝的怀念；石道者，如石之坚，意为决不向清朝屈服。

　　傅山一生多有建树。在思想学术方面，他博览经史子集，参研佛道，开创诸子学，精通音韵学与名学（逻辑学），擅长金石学。在医学方面，他精通医经脉理，擅长妇科及内外诸科，当时人称"医圣"。在文学艺术方面，诗文的思想性、现实性极强，写作不拘成法，形成了独特的艺术风格；书法草楷篆隶，无不精工，名满天下，绘画古雅入神。

　　在其波折多难的命运中，傅山先生所取得的成就犹如座座奇峰。他将对黑暗统治的不满、对清朝的顽强反抗、对复明无望的无奈等等复杂的情感融入到他

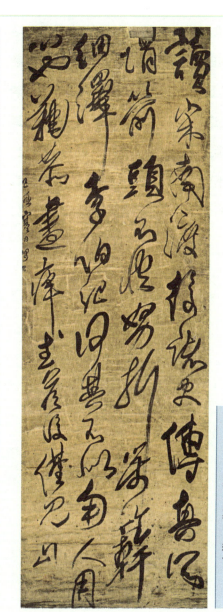

傅山《读宋》　清代

带你走进博物馆

的学术思想中，融入到他的书画创作之中。他的草书尤为著名，外表飘逸、内涵倔强，正象他的为人。他的一幅草书《读宋》上这样写道："读宋南渡后诸史传，真所谓箭头不快，努折箭杆。细绎李伯纪，何其不似南人用心也。鞠恭（躬）尽瘁，武侯后仅见。"书法荡逸神驰，豪放不羁，极富节奏感和震撼力，对于南宋朝廷不思进取的失望和对抗金主将李伯纪（李纲）的赞赏跃然纸上。也许，这里更多的寄托的是他对亡明的深深失望与无奈。

康熙二十三年（1684年）初，爱子傅眉忽逝，傅山悲痛异常，不久与世长辞，时年77岁。

三、国宝背后

展柜里，件件国宝光鲜亮丽。走近它们，就走近了如泣如诉的历史。你可知道，在它们的背后，还有许多意料之外的精彩故事。

（一）刖人守囿车：
奴隶社会的两极人生

如果一部部华丽而浪漫的古装戏，已经让你以为历史就等于奢华的宫殿、多彩的霓裳，就是无关衣食住行的爱恨情仇，那么，相信这件刖人守囿车会让你看到历史不一样的另一面。

刖人守囿车，1989年山西闻喜上郭村西周墓地出土。它高9.1厘米，长13.7厘米，宽11.3厘米，是一件精巧的青铜厢式六轮车，一个成年人的手掌可以轻松地将它托起。研究认为，这可能是一件当时贵族把玩的小物件，或是收藏小饰件的容器。经历了二千多年的历史风霜，刖人守囿车的车厢顶盖仍可以开启，并且顶盖开合时，车顶安装在固定轴上的四只刻画入微的小鸟便会在重力的作用下自由转动，全车可转动部位多达15处。

在这样小的器物之上，工匠们装饰了猴、虎、鸟等20多个动物形象，采用了阴线雕刻、浅浮雕、高浮雕、圆雕、透雕等多种技法。小车轮被两只顽皮的伏虎抱在腹中。车厢周身装饰的各种伏兽形态各异，栩栩如生。

手艺高超的工匠是想通过这些奇思

刖人守囿车　西周

刖人守囿车　西周

妙想塑造一种动物天堂的快乐氛围吧？然而，在精致的带活动插销的车门旁，我们赫然发现一个失去左脚的人在忠实的守卫着。这又是为什么呢？

　　我们从《周礼》中找到了关于"刖者使守囿"的记载。这里的"刖者"指的就是受过砍脚刑罚的人，而"囿"则是指专门为王侯贵族饲养各种珍禽异兽的囿苑。

"刖者使守囿"的意思就是说：让受刑砍了脚的人去替贵族们看守囿苑。于是，我们便知道了这件青铜车表达的意境。

遥想制造刖人守囿车的西周时代，奴隶制王朝的国家机器发展到顶峰，以贤臣著称的姜太公在夏商刑罚制度的基础上制定了《九刑》，内容包括脸上刺字、割鼻、断足、宫刑、斩首、鞭刑、流放等内容，而可以施以这些刑罚的犯罪条款就有数千条。

或许，今天的我们已经无法去想象被砍掉一只脚后，用长长的后半生与动物相依的感觉，但在那个"礼不下庶人，刑不上大夫"的时代，那些达官贵人们见多了被施以各种刑罚的百姓，自然能坦然的去把玩刖人守囿车一类的玩物！

让我们通过这件刖人守囿车去记得这样一段冰冷的历史，记得曾经的统治者酒池肉林、歌舞狂欢的背后，脚踏着的是无数苦难百姓的血泪与哀歌。

刖人守囿车局部

带你走进博物馆

带你走进博物馆

（二）侯马盟书：贻笑后世的合作宣言

提起"歃血为盟"，你是否会联想到同生共死的兄弟情谊，充满着神圣、庄严的气息？当你随着研究者对侯马盟书的解读，走进春秋晚期那些规模浩大的结盟活动，我想你会对这"歃血为盟"有不一样的理解。

上世纪五十年代，新田遗址在山西侯马被发现。这是晋国晚期，晋景公迁都新田之后的晋国都城遗址。在遗址中，考古工作者陆续发现了规模庞大的古城址、青铜手工作坊遗址、祭祀遗址、古墓葬群等。

六十年代，考古工作者在遗址中发现了5000余件形式各异的玉石片，每一个玉石片上面都有一些模糊的文字依稀可辨，文字多以朱笔书写，少量为墨书。这些恍若天书的石片究竟能告诉我们什么呢？

古文字学家经过对其中可以辨识的650余件石片仔细研读，终于为我们揭开了这一奥秘：这是晋国权卿之间为了联合盟友共同打击敌对势力而举行盟誓活动的盟书。

原来，晋景公将都城迁到新田之后，曾是春秋五霸之一的晋国逐渐衰弱了。

侯马盟书　春秋

晋国政坛上出现了赵、魏、韩、智、范、中行六位手握大权的公卿。同侍一君的六卿之间为了争夺势力时而联合，时而斗争，纷争不断。这些被学术界称为"侯马盟书"的玉石片为我们记录的就是其中的赵、魏、韩、智四姓联合灭掉范、中行两族的历史。

根据史料记载，春秋时期的政治结盟活动都要举行很隆重的仪式。举行仪式时，先割下牛、羊、豕（shǐ，猪）、马、狗等牺牲的左耳，用盘子盛起，然后取血盛在器皿中，参盟人依次饮一点牲血，称为"歃（shà）血"，意为天地神明监督。结盟的内容都写在盟书里，盟书一式两份，一份由主盟人藏于专门的官方机构，一份埋入地下或沉到水中。想必我们今天看到的这些盟书就是当年挖坑埋入地下的那一份吧。

我们一起来看其中一片盟书上所写的内容："本人誓愿坦腹剖心效忠伟大的宗主，……如有胆敢违誓改志，……妄图……在晋国复兴而进行阴谋活动者，绝难逃脱宗主的震怒和天地神灵的诅咒，只有诛身灭族的死路一条。"我们是否可以想见，当年的这些公卿们是怎样毕恭毕敬，信誓旦旦，而同时各自的心里又在盘算着互相打击的阴谋呢？

在长期的政治斗争之后，韩、赵、魏三家最终获胜，三位昔日的臣子以胜利者的身份瓜分了自己曾经的宗主——晋国。于是，政客们的谎言被彻底揭穿，曾经的晋国子民相互间开始了更频繁的战争，互相消耗，直至秦嬴政的大军横扫中原，统一天下。

这套充满了讽刺性、却真实的记载了历史的侯马盟书，因其承载着的厚重历史，名列中华国宝的行列。它是"庄严"的歃血为盟仪式的产品，但却并不是纯粹美丽的合作宣言，而是政客们在利益驱使下念起的争权夺势的咒语。

（三）赵城金藏：
日军未能夺走的国宝

一部经典的《西游记》让唐僧西天取经的故事，在我国家喻户晓。然而，经书被唐玄奘从西域取回之后的事可能就很少有人知道了。这些梵文经书经过我国历代佛学界人士的不断研习与整理，佛经的多种汉文译本陆续开始出现。而在这些译本中，有一套最著名的稀世孤本，它就是《赵城金藏》。

《赵城金藏》因刻于金代，后被供养在山西赵城县（今属洪洞县）广胜寺而得名。《赵城金藏》以宋代我国第一部木刻版汉文大藏经《开宝藏》的版式，于金皇统九年（1149 年）前后开雕，大定十三

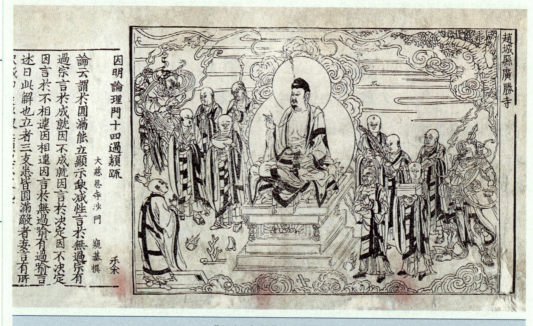

《赵城金藏》 蒙古

年（1173年）前后完成。每卷卷首又加刻广胜寺刊刻的《释迦说法图》，被叫做《赵城金藏》。

相传，金代熙宗皇统年间，潞州（今山西长治）崔员外之女崔法珍，幼时聋哑，后经广胜寺高僧精心诊治，得以痊愈。一次，崔法珍前往广胜寺看望病重的救命恩师，师傅在弥留之际道出毕生研习的佛经无法刻印成书的遗憾。崔法珍当即断臂明志，誓将恩师的遗愿完成。从此，在今天的山西、陕西地区，一个断臂女尼四处募化，集资刻经。整整25年过去了，这部宏伟的佛学大典在山西解州中条山的天宁寺完成。经书为卷轴式，共计7000余卷，每卷长约11米，原本首本被运回广胜寺供养保存。

1933年，范成法师在广胜寺上寺弥陀殿的十二个藏经柜中发现了这部藏经，引起社会的关注。其后由我国著名佛学家欧阳竟无派研究人员蒋唯心在广胜寺

逐卷检查，并发表调查和研究报告，轰动学术界，并引起国际学术界的关注。然而，在那样一个祖国被列强侵噬的特殊时代，这样的学术交流活动无疑是一个灾难的开端！

抗日战争爆发后，侵华日军贪婪的目光盯上了这些珍贵的《赵城金藏》。1938年2月，日军占领赵城。广胜寺距

广胜寺飞虹塔

带你走进博物馆

最近的日军据点仅2公里。为保护经书安全，广胜寺力空法师将《赵城金藏》砖砌封存于广胜寺飞虹塔内。1942年4月，日本政府派遣"东方文化考察团"到赵城活动，并扬言要在5月2日上飞虹塔游览。力空法师立即向八路军求助。

这是一场民族大义与侵略贪欲的对决！在当时的太岳军区政委薄一波指示下，4月27日夜，军分区、县游击大队和广胜寺僧众紧急将《赵城金藏》运出。在接下来的5月反"扫荡"中，抗日志士们背着经卷，在崇山峻岭中与敌人周旋。由于战斗频繁，行军携带不便，这些经卷被暂时藏在山洞、废煤窑内，并派专人看管。直至1949年北平解放后，《赵城金藏》运至北平，移交当时的北平图书馆（今国家图书馆）收藏。

目前，国家图书馆共收藏有《赵城金藏》4813卷，被视为稀世瑰宝，与《永乐大典》、《四库全书》、《敦煌遗书》并称国家图书馆四大镇馆之宝。根据《赵城金藏》影印成书的《中华大藏经》摞起来可达三层楼高，成为全人类共同的财富。

然而，由于曾在战火中颠沛流离，当年发现于广胜寺的珍贵经卷在转移中有少部分散失了。1976年山西省博物馆从太原崇善寺征集到一卷《赵城金藏》，卷首为广胜寺印制的《说法图》，是蒙古中统二年（1261年）补雕的印本，应当是早年在颠沛中散失的经卷。今天，这卷《赵城金藏》，已被列为国家一级文物，在山西博物院收藏、展出，因失而复得，更倍显珍贵。

（四）桃竹锦鸡图：
等待伯乐很多年

并不是每一件艺术珍品都会被奉若至宝，也有一些会在真与假的质疑下守候伯乐！

1982年6月5日，著名书画鉴定大师徐邦达、刘九庵两位先生来太原。他们在山西省博物馆一眼看中了一幅《桃竹锦鸡图》，兴奋的说："是国宝！故宫还没有！"两位先生异常珍惜，并建议到故宫进行装裱。其实，早在70年代此画就已被省文物商店购回，当时虽然曾引起省内外书画鉴定专家的关注，但是一直未敢确定为珍品，直至徐邦达、刘九庵两位大师确定了它的价值。1986年9月22日，此画在故宫博物院精心装裱后移交山西省博物馆收藏。几经辗转，如今在山西博物院收藏、展示。

是怎样一幅珍品曾流散在外多年、

桃竹锦鸡图　元代

却又让许多鉴定专家斟酌再三呢？

　　这幅《桃竹锦鸡图》是元代成就最突出的花鸟画大家王渊所作。王渊是浙江杭州人，活跃于13世纪末至14世纪前期，擅画山水人物，尤其精于水墨花鸟竹石，曾得到书画大师赵孟頫亲授。王渊作品存世极少，据现有资料来看，仅有北京故宫博物院藏《山桃锦鸡图》（作于至正九年）、上海博物馆藏《花竹禽雀图》轴（作于至正四年）、台北故宫博物院《桃竹春禽图》（作于至正六年）以及山西博物院藏的这幅《桃竹锦鸡图》。作于至正三年（1343年）的《桃竹锦鸡图》，是画家现存创作年代最早的作品。

　　元代，虽然仅有数十年的短暂历史，但却是中国绘画史上的重要转折点。靠军事一统天下的蒙古人建立元政权以后，他们彻底改变了宋代"重文轻武"的统治策略，甚至一度废弃了科举考试。曾经封建知识分子赖以改变命运的大门关闭了，很多人转而寄情山水，以画为生。为了表示知识分子的清高孤傲的气节，梅、兰、竹、菊等成为了书画作品的"时尚"内容。于是山水花鸟画派应运而生，引导中国绘画从传统的宫廷画进入一个全新的时代。而在这一时期涌现出的书画名家，无疑扮演着成功先行者的角色。

　　一起来欣赏这幅王渊水墨花鸟的代表作《桃竹锦鸡图》：山桃一株，花蕊初绽，翠竹几杆，锦鸡飞雀，坡石细草、溪水流泉。布局结构严谨，笔法沉稳凝练，清美秀润，不愧为难得一见的元代书画佳作。

（五）青花瓷：渲染一个热烈奔放的时代

历史的天空风云变幻，姿态万千，成就艺术世界的绚烂多姿。一个特定的时代，催生它独有的艺术之美。

当新的考古发现将青花瓷烧制成功的年代不断往前推移的时候，我们依然无法淡化元代青花瓷在中国瓷器史上那浓墨重彩的一笔。公元13世纪，当蒙古人的铁骑踏遍中土，迅速建立起横跨欧亚大陆的元帝国的同时，他们也在改写着神州大地的方方面面。唐宋

以来，一直受文人雅士们追捧的宛若凝脂的白瓷和光亮如玉的青瓷很快被摈弃，开朗豪放的他们开始热衷于蓝白对比强烈、热烈奔放的青花瓷，从此中国陶瓷史开启了一个精彩纷呈的彩瓷时代。

关于青花瓷的烧造成功有一个凄美的传说。相传，为了找到美丽的彩料在瓷器上描绘图案，景德镇一个叫廖青花的姑娘，跟随窑场找矿师傅出身的舅舅跋山涉水、风餐露宿才寻找到适合画瓷的颜料，并最终献出了年轻的生命。她的未婚夫、制瓷工匠赵小宝用其采到的石料配成颜料，用笔画到瓷坯上，施釉，高

缠枝牡丹纹罐　元代

温烧炼，瓷器上出现了艳丽非凡的蓝色花朵。为了纪念廖青花，便把这种釉下彩绘的蓝花起名为"青花"，烧造这种蓝花的彩料，叫做"青花料（廖）"。

无论传说是否真实，蒙古统治者对色彩绚丽的青花瓷的偏爱，成就了一个今天响彻陶瓷界的小镇——江西景德镇。正是靠着成熟的青花瓷烧制技术，从14世纪开始，江西景德镇仅仅用了70年左右的时间，就让青花瓷器占据了中国瓷器生产的

菱花花口盘　明宣德

主流，一改长久以来中国制瓷业百花齐放的局面，一枝独秀，成为中国的"瓷都"。或许为了迎合统治者的爱好，元代青花瓷多胎体厚重，器形硕大，装饰图案繁密有序，青花色泽艳丽，胎洁釉亮，对比强烈。

藏于山西博物院的元代缠枝牡丹纹罐，高28厘米，腹径32厘米，造型浑厚敦实，色泽莹润浓艳，图案装饰主次有序、繁而不乱，主体花纹以不同视角展示牡丹的动人姿态，画面饱满而不拥挤，是元青花的杰作。

到了明初，带着这样或那样的使命、浩浩荡荡下西洋的宦官郑和不仅从亚非各国换回了象牙、宝石、香料等名贵产品，还从西亚带回了一种叫"苏麻离青"的钴料。这种钴料含铁量较高，使用它为着色剂烧制出来的青花瓷青中带有黑铁斑痕，色泽深浅有致、浓艳深沉。明永乐、宣德两朝使用这种釉料烧制青花瓷，人们习惯上将这一时期的青花称之为"永宣青花"，并成为青花瓷艺术发展中一个不可逾越的高峰。

藏于山西博物院、明宣德年间烧制的菱花花口盘，口径33.6厘米，造型典雅，胎质细腻，雅致的菱花花口，花纹装饰清新悦目。在"苏麻离青"的作用下，青花色泽浓艳，自然晕散，黑铁斑浸入胎骨，是宣德瓷的典范之作。

走进历史的深处，晶莹艳丽的青花瓷不再是周杰伦歌中的那般千娇百媚、诗意朦胧，让人感受到的是一种热烈奔放、鲜活灵动的时代气息。

带你走进博物馆

（六）宝宁寺水陆画：
宗教画里暗藏的社会实录

在佛经中记载有这样一个故事：一天，佛祖释迦牟尼的弟子阿难晚上梦到一个自称"面然"的饿鬼向他求食，并说三天后阿难将毙命，也会沦落为饿鬼。阿难醒后非常恐惧，于是向佛申诉。佛便授给阿难可以使饿鬼得食、自己福寿绵长的经咒。阿难便开设了水陆道场，救度所有饿鬼。这便是水陆道场（又称为水路法会，或者水陆斋会）的渊源。

在中国历史上，水陆道场是佛教寺院为超度亡灵、普济水陆一切鬼神而举行的一种重要佛事。按照文献记载，水陆道场一般要举行七天七夜，多则四十九天，设内坛和外坛两部分，借助佛神法力，超度众生"使升天界"。中国水陆道场最早可以追溯到南朝梁武帝为他的王妃郗氏所设的道场。据传，凡是被佛法超度过的冤魂孤魄，都可以"免罪"升天，因而后世盛行不衰。宋代以后，水陆道场流行全国，特别是经过战乱，朝廷和民间经常举行法会超度战争中的亡灵。

在佛教寺院内举行水陆道场时都要悬挂一种宗教画，这就是水陆画。它是水陆法会上供奉的宗教人物画，悬挂于法会内坛，其上绘有佛、道、儒三教的诸佛菩萨、各方神道、人间社会各色人物等，代表法会所邀请的对象。士大夫、文人画家们大多是不屑于画水陆画的，因而大批的水陆画多由民间画师完成。也许，正因为如此，水陆画的创作灵感多源自真实的百姓生活。画师们通过对细微的动作和表情的刻画来传达世俗人物的内心世界和性格特征，将自己对下层人民所遭受苦难的深切同情与愤慨融入到宗教绘画的创作中，有意无意间揭露出封建社会的各种矛盾和民不聊生的社会现实，有力地鞭挞了封建统治的残暴。

在山西北部的右玉县，有一座创建于明天顺年间的大寺庙，名为宝宁寺。寺内保存有明代的水陆画139幅。根据研究，宝宁寺水陆画是亲历过"土木之变"的明英宗御赐镇边、用以超度在战争中阵亡的将士的。过去每逢农历四月初八日（浴佛节）至初十，宝宁寺的寺僧便举行水陆道场，将这些水陆画悬挂三天，道场结束后便收藏起来。抗日战争爆发后，为了保护这些珍贵的佛教文物，水陆画被转移到绥远。新中国建立后，移交文物管理部门收藏，现藏于山西博物院。

宝宁寺水陆画，均为细绢质地，尺幅大多高120厘米，宽60厘米，主要是威严华贵的佛教神众的画像，有释迦牟尼佛、阿弥陀佛、文殊菩萨、观音菩萨、普贤菩萨等。一幅名为《天藏菩萨》的水陆画中，衣着华丽的天藏菩萨双手合十，裙带飘飞，身佩璎珞，两旁的侍女羽衣飘带，神情谦恭。

除此之外，宝宁寺水陆画中还有表现社会各阶层的人物形象的画卷，如农、

天藏菩萨　明代

带你走进博物馆

工、商、戏曲、乐舞人物等。还有少量反映当时战乱、灾荒、病痛、流离等社会生活内容的题材。这些描绘细腻生动、耐人寻味。

这幅《往古九流百家诸士艺术众》中，画面内容丰富，共有上下两组画面，共计21个人物，包括了士、农、工、商、医、占卜师、戏曲、乐舞、杂技演员等各个阶层，他们或行色匆匆，或低声闲谈，画师通过对道具、服饰、神情等细腻刻画，展现给我们一个缤纷的市井百态图象。

而一幅《往古雇典婢奴弃离妻子孤魂众》中，三个未成年的奴仆，衣衫褴褛，瘦骨嶙峋，双手被捆。尤为引人注目的是，其中一个颈部系上了长绳，被人像牲口一样牵着。而此时的雇佣者正在趾高气昂的翻看着卖身契约……

这些都是当时社会百态的真实写照，试想，当这些水陆画悬挂于盛大的法会中，在众多华丽庄严的佛教神像的陪衬之

往古九流百家诸士艺术众　明代

下，那些苦难的身影该是何等醒目？我们不知道，神圣的水陆道场能否将这些真实

的苦难传达给法力无边的诸神菩萨，更无法知道，这些苦难的灵魂能否在另一个世界获得"免罪"升天。但是，它们却将那些黑暗的社会现实传达给了后人。

如今，这些历经战火洗礼的宝宁寺水陆画不仅是宗教世界的艺术精品，也是真实反映当时世俗生活的精美画卷，是我们了解历史的一把特殊而直观的钥匙，是绽放在中国历史绘画园地中的一朵奇葩。

《往古雇典婢奴弃离妻子孤魂众》局部

带你走进博物馆

四、民生山西

　　琐碎的日常生活是波澜壮阔的历史画卷的最好陪衬。沿着祖先最基本的生活内容，走进他们最真实的世界，我们才能读懂"华夏五千年"的艰辛与厚重，三晋文化的多彩与神奇。

（一）追溯华夏美食之源

　　"民以食为天"，饮食文化与人类的起源相伴而生。它是人类在求生的过程中不经意间的创造，但是，正是这样一个不经意，最自然地展示了人类所走过的发展历程。这里，我们将沿着人类炊食器具的发展轨迹去探寻华夏美食的源头。

　　当人类走过了"穴居野处、茹毛饮血"的艰苦岁月，新石器时代的定居生活为饮食文化的发展提供了条件。当时的人们开始使用一种叫陶鬲的炊具。陶鬲类似于我们今天的铁锅，不同的是有三只很大的空心足可以稳定着地，下面生火时很大程度上还增大了受热面积，古人可以用它烧水和煮食物。

　　后来，人们在鬲的上面加上了底部带透气孔的陶锅，这就成了同时具有蒸和煮两种功能的甗（yǎn）。在山西夏县东下冯发现的夏文化时期（公元前21世纪至前16世纪）遗存中，考古学家就曾经发现了一件陶甗。它口径达33.4厘米，腰部设计有通蒸汽的箅子。可以毫不夸张的讲，它是现代蒸锅的祖先。青铜技术成熟之后，贵族们开始使用青铜甗。这些青铜甗或大气磅礴，或雅致小巧，在那些

但你千万不要简单的认为，在青铜时代，人们的饮食只有鼎簋制作的蒸煮食品这么单调！1992年，山西曲沃晋侯墓地晋武侯夫人墓中出土了一件青铜温鼎。它精致小巧，高仅23.7厘米，结构很像我们今天的小火锅。不同的是，它中间的托盘是用来放置燃烧的木炭的，托盘上的镂孔可以用来去灰和通风。3000

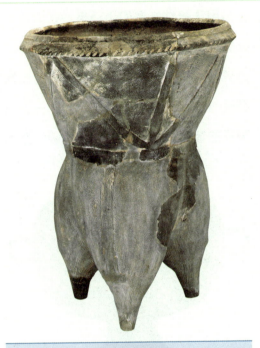

陶鬶　夏时期

遥远的年代为贵族们烹饪着诱人的美食。

在青铜器家族中，我们最熟悉的炊具要数鼎和簋了。它们是青铜礼器中最核心的组合，一般是祭祀、丧葬等重用活动时使用。鼎是古人用来炖煮和盛放肉类的工具，相当于现在的锅。簋主要用来盛放煮熟的饭食，相当于现在的大碗。

温鼎　西周

带你走进博物馆

虎形灶　春秋

许多用于搪灶挂泥的小凸齿，它们既可以保证炉膛热量集中，又能防止灶壁过热烫伤人体，无形中彰显出古人的生活经验与智慧！劳乏的行军途中，一锅热腾腾的饭菜是那么的诱人；悠闲的游猎

年前的人们同样可以吃到美味的火锅！温鼎口沿下还装饰有一圈雅致的具有时代特色的夔龙纹。看到它，我们不禁去想象当年的武侯夫人是怎样优雅地使用着这般精巧的器具进餐。

　　在太原金胜村赵卿墓中，出土有这样一件虎形灶，它以青铜铸造而成，由灶体、4节烟囱和1釜1甑共7部分组成。灶体装饰为虎头造型。烟囱安装后高达1.62米，并且可拆卸和组装，使用方便，可用于行军作战或出外游猎。灶体内有

镶嵌错金蟠螭纹铜豆　战国

之余，能将刚刚收获的新鲜猎物一尝为快，又是多么愉悦的享受啊！

　　青铜器中有一种器形叫做豆。研究认为，它可能是被用来盛放各种腌菜、肉酱的器皿。这件出土于山西长治分水岭的镶嵌错金蟠兽纹铜豆，盖顶的捉手和

圈足均设计为喇叭形，一对环形耳。它使用了当时最流行的错金工艺，通体以错金的变体蟠兽纹和云纹作装饰，纹饰流畅，堪称三晋镶嵌错金工艺的代表作。面对如此造型典雅、制作精工的豆，你还能将它与腌菜、肉酱联系在一起么？

出土于山西朔县的四神染炉，是西汉时期的高级贵族使用的一件食器。它以传统汉文化中的青龙、白虎、朱雀、玄武四神镂空装饰。染，指的是一种调味的豉酱。

四神染炉　西汉

使用时，染炉上层放上调味酱，下部用木炭加热。这样主人就可以将煮熟的肉放入染炉中，蘸着美味的调味酱吃了。

从满足人类基本的生存需要起步，从最简易的陶器炊具开始，人类不断丰富着自己的"餐桌"。这有滋有味的生活，是他们征服自然的成果，是他们生存智慧的结晶。

到了清乾隆时期，匠师们精心制作出的这件白玉嵌宝石描金碗，玉质晶莹剔透，碗的外腹部用红宝石、绿宝石堆贴成花叶簇拥的宝相花，内壁是用同样的工艺装饰的石榴纹，花叶的边缘描金。整个玉碗加工精巧，工艺独特，纹饰繁缛华贵。这样的碗已经不再是饮食起居中的日用品，不再是人类生存的基本需要，更多的成为一种奢华艺术品了。

带你走进博物馆

白玉嵌宝石描金碗　清代

（二）自古饮酒多乐趣

千百年来，酒文化作为中华文化百花园中的一朵奇葩，韵味独特。无论古今中外，不管王侯布衣，饮酒始终是延续在人们生活中的一个特殊内容。多少文人墨客饮酒吟诵，借酒明志，留下佳作无数，成为精神世界的无上享受。当历史远去，如今，那些形式各异的酒器似乎仍在博物馆的展柜中漂散着诱人的香气。

山西博物院的藏品中，有一件精美的国宝级商代青铜酒器。它以奇特的造型和独有的鳄鱼纹装饰而闻名，它的名字叫龙形觥。它长43厘米，整体宛如一支停泊在水中的龙舟，龙首高昂，瞪目张口。龙身正中还有个蘑菇形小纽。器身上除了独特的鳄鱼纹装饰，还有两只与鳄鱼相背而行的夔龙，增加了整个器物的动感。一条阴线雕刻的蜿蜒龙身贯穿整个器盖。纹饰粗犷，简明流畅。龙形觥出土于山西石楼桃花者一处商代方国文化遗存，与典型的中原商代文化略有不同，有着明显的北方草原文化气息。

炎炎夏日，一杯冰爽的啤酒，可能是

龙形觥　商代

令很多现代人倍感幸福的事。你是否相信，2500 年前的古人也可以有同样的享受？

1988 年，山西太原金胜村赵卿大墓的发掘中，出土了四套成组的夔凤纹鉴和莲盖夔龙纹方壶。夔凤纹鉴口径 70.6 厘米，纹饰雕琢深邃，饱满富丽。莲盖夔龙纹方壶高 66.7 厘米，气势磅礴，莲花形盖纽和夔龙纹附柄制作精美。出土时，壶放置在鉴中。

鉴在古代有两种用途：一种是盛放清水照面容，相当于后世铜镜的用途。一种是盛放冰的容器，其功能相当于今天的冰箱。从出土时的状况来看，我们不难

莲盖夔龙纹方壶　春秋

理解，古人是将酒储藏在高大的铜壶中，再放在存有冰的鉴之中。这样人们（当然是古代的贵族）就能够在炎炎夏日中喝到冰凉的醇酒。也就是说，至迟在距今 2500 年前，这种的天然的"绿色冰柜"就已经登上了历史的舞台！

说了这夏日的凉爽享受，在寒冷的

夔凤纹鉴　春秋

带你走进博物馆

冬日来一壶暖酒就更不算奢望了。1962年9月，一场大雨的冲刷之后，山西右玉县大川村村南的断崖上，一批珍贵的铜器破土而出。这些宝贝被当时大川村生产队的党支部书记刘来天和一些儿童在秋收时发现，后来移交给山西省文管会妥善保管，现藏山西博物院。

这些文物中，有一对如孪生兄弟般的胡傅温酒樽，酒樽器盖口沿上都刻有铭文："中陵胡傅铜温酒樽，重廿四斤，河平三年造。"（这里的24斤为汉制，合今天的6斤。）更有意思的是，在其中一件的铭文后还多一"二"字，说明这是第二件。厚实的温酒樽外满饰虎、羊、牛、猴等动物，还有传说中的九尾狐，他们或悠然自得，或惊慌奔跑于草原之上。温酒樽通体鎏金，富丽堂皇，敦实典雅的中原器形与活泼奔放的草原装饰浑然一体。

有人认为，这对胡傅温酒樽是一种加热酒的器具；也有人倾向于温酒樽可以保存醇香的烈酒，因为厚重的器盖可以有效的防止气味挥发。无论何种说法正确，仅仅是将酒具制成如此精致与艺术，我们不难看出古人对饮酒的重视。

胡傅温酒樽　西汉

（三）留在钱币上的回忆

在当今经济高速发展的时代，当大家已经习惯于用金钱来换取日常生活所需，你是否还能想象，如果钱币突然从我们的生活中消失，将会是怎样一番景象？千百年来，钱币作为一种可以与一切商品交易的特殊商品，变幻着身姿在历史的舞台上摇曳，诱惑着追逐功利的人们。

今天，我们所能看到最早的钱币是天然海贝。三千年前，当这些贝壳从遥远的海边来到中原，其珍贵性与钱币的特殊身份相合，海贝便成为了货币。也正因

为如此，在中国文字中，很多和钱相关的文字都和"贝"字结缘，如：财、货、赏等。

当有限的海贝无法满足不断扩大的商品交易，古人开始用金属来铸造钱币，于是以青铜仿照海贝的模样铸造的铜贝出现了。后来还出现了包金铜贝和贴金海贝，它们的作用应该是类似今天的大额钞票吧。

铜贝　商代

随着农业社会的到来，农业生产日益受到重视，农业生产工具成了钱币的新造型。通过山西太原电解铜厂拣选的这件西周时期原始布，我们可以清晰地看到先秦布币的生产工具原形。

海贝　商代

布开创了弧裆釿布的先河，堪称古代货币中的稀世珍品。

秦始皇统一六国、统一货币的历史大手笔，将中国古代货币的造型定格在方孔圆形，从此钱币上的币文装饰更加考究起来，尤其是到了宋代，从天子到名臣，再到书法大家争相撰写钱文，独具时代特色。

原始布　西周

"□□□黄釿" 耸肩尖足空首布　春秋

先秦布币上常常会铸造有代表古地名的币文，这是我们了解古代社会的重要资料。山西省侯马市出土的"□□□黄釿" 耸肩尖足空首布，又称为多字空首布，其币文中的"釿"是晋国空首布的计量单位。虽然，其币文中至今还有三个字未能释读，但从学术意义上讲，这件空首

纸币的出现在中国古代货币史上具有重要意义。但古代纸币又是怎样制成的呢？这件金代的贞祐宝券五十贯钞版，就是800年前朝廷用来印制纸币的模板。它制作精工，在国内难得一见。最为可贵的是，钞版的文字中有"平阳太原府两路通行"的字样，说明这种钞版印制的纸币仅在太原和平阳两地流通。

我们知道，在朝廷铸币之外，古代还有一种通行历代的货币，这就是金银，尤其是黄金更是尤显贵重。以往人们往往错误地认为，中国古代没有大锭黄金。1972年山西太原黄陵村出土的洪武金锭，长9.4厘米，两端宽5.8厘米，重达1946克，从此纠正了以往黄金

贞祐宝券五十贯钞版　金代

带你走进博物馆

洪武金锭　明代

无大锭的说法。

　　中国古代货币体系庞杂多样。这是一次次朝代更迭的产物，也是社会不断发展的佐证和记录。山西博物院所藏古币绵延有序，品类丰富。走进方圆世界展厅，观摩古朴的原始布，欣赏圆润温厚的玉箸篆，感受"靖康钱"里那特有的民族情怀……沿着中国古代货币产生与发展的轨迹，一切世俗的情怀悄然消逝，因为能最终留存在人类记忆中的只有那永恒的历史与艺术之美。

（四）不解的鸟情缘

800年晋与三晋历史是悠远的晋文化的源头，也是华夏文明的重要分支。今天，随着考古学走近这段历史的时候，我们惊奇地发现，鸟曾经在晋国人的生活中扮演过相当重要的角色。商代晚期，周人定居的陕西渭水边的岐山一带就有"凤鸣岐山"的美丽传说，在周人的意识里，凤鸟是一种象征吉祥的动物。在《周礼》中，"鸟彝"是宗庙祭祀的重要礼器之一。

然而，在浩瀚的中华青铜宝库中，我们所发现的以鸟为整体造型的文物却为数不多。据目前资料来看，鸟尊仅有4件。

第一件是藏于山西博物院、出土于第一代晋侯燮父墓的鸟尊。高39厘米，长30.5厘米。它是4件鸟尊中体形最大、造型纹饰也最为精美的一个。

第二件是北京保利博物馆从海外购回、2004年曾名噪一时的"佣季鸟尊"。也是一只昂首挺立的凤鸟形象，凤鸟背部挺立一只小鸟。盖内侧有铭文："佣季乍祖考宝彝"。随着2005年的"中国十大考古新发现"——山西绛县横水墓地的发掘和研究，证实了古佣国就在山西南部。那么，"佣季鸟尊"的出土地也应该是山西无疑了。

第三件是藏于山西博物院、出土于太原金胜村的春秋晚期晋国赵卿墓的鸟尊。该鸟尊高25.3厘米，整体是一只引

鸟尊　春秋

颈而立的鸟，背部装饰有实用的虎形提梁，鸟尾羽翼下一只调皮的小老虎悄然顶起，保证了鸟尊的整体平衡。该鸟尊纹饰繁缛精美，即使接缝处也拼合得没有丝毫偏差，是一件国宝级的文物。

第四件是相传解放前出于山西太原、现藏于美国弗里尔艺术馆的"子之弄鸟尊"。

这四件鸟尊均与山西密切相关。此外

鸟盖人足盉　西周

在山西博物院所藏的众多文物中，我们不难发现，各种鸟纹、鸟形装饰比比皆是。

这件鸟盖人足盉，通俗的说就是我们今天的"酒壶"。它出土于山西曲沃晋侯墓地，通高34.6厘米，整体宛若龟形，扁圆形的壶体，长方形的口上一只小鸟振翅欲飞。憨态可掬的小熊将盖子和器身相连。流部设计为一条昂首曲颈的小龙，环形柄上设计有兽形鋬（pàn）。器身两侧阴线雕刻有透迤卷曲的团龙纹，流畅华丽。这些自由奔放的动物们，却是被两个小人驮着的。两个裸体小人，呈半蹲的姿势，似乎很吃力的样子，神态传神。也许，这正是整个奴隶社会的缩影吧。

这件形制奇特的立鸟人足筒形器，高23.1厘米，出土于山西曲沃晋侯墓地。圆形的盖子上一只振翅的圆雕立鸟，四足同样是裸体的人形。他们正奋力抬起这件器物，座内隐藏有两只小铃铛，移动时叮当作响，具有游牧文化风情。

立鸟人足筒形器　西周

晋国人还将鸟的形象装饰在象征着
权力玉戈上。这件出土于晋侯墓地的鸟
形玉戈长15.9厘米，其后部就是一只站

鸟形玉戈　西周

立的鸟，鸟的足爪粗壮有力，尾部羽毛垂地，足下还设计有穿孔。

出土于赵卿墓的匏壶，因形如匏瓜而得名。它通高40.8厘米，匏壶的盖子上赫然是一只站立的凶猛鸟类——鹰，

它利嘴圆张，羽翼丰满，双目怒睁，爪子紧抓着两条挣扎的小龙，精彩而生动。匏壶设计有虎形提梁。最为重要、也最为隐秘的是，在壶体的母口上，有一个隐藏的"Z"型的凹槽，对应的在盖子的子口上有一道小凸棱。有了这样的巧妙机关，在匏壶打开或盖上的时候，首先需要将盖子旋转到正确的位置，从而保证了即便匏壶倾斜甚至倒置也不会洒出酒来。

在晋国，鸟——这种被视为祥瑞的动物受到如此厚遇，与古老的晋国人结下不解的历史情缘，深深渗透在晋国人的精神世界里。这些鸟，或振翅欲飞，或昂首挺胸，都展现出一种蓬勃向上的生机，从中我们看到一个充满朝气与活力的古老晋国。也许，在遥远的古代，这些能够翱翔天际的鸟承载着人们向往飞翔的梦想吧。

匏壶 春秋

（五）虔诚的精神世界

山西地处多民族文化交汇地带，因而拥有了灿烂的民族融合结晶，但也注定了要在历史长河中去承受民族冲突中的苦难。两汉之际，佛教文化从印度恒河出发，穿越漫漫西域，来到了中原，很快传到了山西。西汉末年，汉族与匈奴冲突对抗，南北朝社会动荡，佛教成为乱世百姓的精神寄托，佛教文化在黄土地上炽烈传播，辉煌迭现。

今天，在山西既有享誉中外的云冈石窟和天龙山石窟，还有位列"中国佛教名山之冠"的五台山，更多

观音菩萨五尊像　北齐

的则是隐于乡间古刹的各种古代宗教雕塑作品。它们共同记录了善良虔诚的古人祈祷和平、祈求平安的心愿。

1954 年，太原市华塔村出土了一件观音菩萨五尊像。它高 60 厘米，为砂石质地，采用贴金彩绘装饰，整体雕塑以双树背光为造型，高浮雕有伎乐飞天及二龙奉塔等。主尊观音菩萨头戴华冠，身佩璎珞。整体雕刻精致，装饰华美。仙乐飘飞中，面目祥和的菩萨携弟子与协侍款款而来，堪称北齐菩萨造像的精品。

与观音菩萨五尊像同时出土的一件汉白玉释迦头像，高 33.5 厘米。佛祖螺

发高耸，脸庞圆润优雅，双目轻合，鼻梁劲挺，柔美的薄唇和微微内敛的嘴角，精美绝伦，活现了一个雍容华贵、气质高洁、精神饱满的伟丈夫形象。

1952年太谷县白城村征集的唐代菩

形，生动优美。丰满的肌肤，微凸的髋臀，流畅的线条，让冰冷的石头充盈着青春的活力和生命的质感，可谓盛唐佛教艺术的代表作。

汉白玉释迦头像　北齐

萨立像，高112厘米，为青石质地，虽整体已经残缺，但造像的肌肉、骨骼刻画非常准确。身体造型采用富于变化的"S"

菩萨立像　唐代

山西被誉为"佛教艺术的宝库"，现在保存于山西各地的石刻造像犹如一颗颗璀璨的艺术明珠。移步山西博物院《佛风遗韵》展厅，原生态的展示让座座精致的佛像尽收我们眼底。欣赏着这些华丽的佛教艺术瑰宝，我们不禁会联想它们曾供奉在怎样庄严华丽的殿堂？

中国古代的木结构建筑是世界建筑体系中最具特色的一种，它的复杂精微将古代中国人的智慧完美展现。而山西又被称为是"中国古代建筑艺术的宝库"。目前，国内仅存的4座唐代木结构建筑全部在山西；山西各地幸运地保存有元代以前的建筑106座，占全国总量的70%以上；山西现存各类古建筑18118处，它们星散各地，将上千年来山西人对建筑美的追求生动演绎。而在它们中数量最多、价值最高的无疑是佛寺、道观建筑。

如果你有充裕的时间走遍山西，你将饱览唐、五代、宋、辽、金各代建筑的不同风貌，唐代的雄浑壮丽，宋朝的纤秀柔美，辽代的豪放大气，金代的奢靡精巧……走近它们，你能真实地感

壁画展示场景

受到古代山西的独特艺术魅力。五台南禅寺、晋祠圣母殿、应县木塔，大同华严寺，……无论远观，还是近看，他们都是对时代美的永久定格。看看依附于这些建筑之上的装饰吧！内容精彩、技艺精湛的壁画，姿态万千、生动传神的彩塑，色彩斑斓、流光溢彩的琉璃，……它们让世间最美丽的语言瞬间显得苍白无力！

在山西博物院有一个名为《土木华章》的专题展厅，展示着幸存于山西各地的杰出古代建筑的模型及依附其间的壁画、彩塑、琉璃艺术。走进这里，感受着古代劳动人民为自己的精神信仰所耗费的心血和智慧，我们就能感受到山西人那个纯净、虔诚的精神世界。

古建筑模型展示场景

带你走进博物馆

（六）爱美的山西人

　　"爱美之心，人皆有之"。当人类满足了自身的基本生存需要，就开始有意识地装饰和美化自己。进入阶级社会，统治者更是竭尽所能选用最珍贵的材料、最高超的工艺去装点自己，衬托其高贵的身份。千百年来，这些装饰品形式多样，材质丰富华贵，连装饰手法也令人目不暇接，眼花缭乱。爱美的山西人，不断改造自然，创造美好生活的同时，也在不断美化着自己。

　　这件商代的凤首笄（jī）形器，长17.5厘米，出土于山西石楼桃花者，青铜质地，简约生动的凤首装饰。它是一种束发器，相当于今天的发簪。早在3000多年前，当青铜工具还未普及到日常的生产活动中的时候，贵族们就已经在使用这种贵重材质铸成装饰品来美化自己了。

　　晋侯墓地犹如一座富足的晋国宝藏，

凤首笄形器　商代

透过其中的众多装饰品，一个个晋侯及其夫人们的华贵身影隐约可见。

这件华丽的玉串饰，出土时覆盖于主人的胸腹部，它由２８２件各色玉珩（héng）、玉璜、玉圭、玉片、玉贝、玉珠、玉管、玛瑙管、绿松石管、料珠、料管等组合而成。珍贵的材质，配上精细的雕工，串连成珍贵的艺术品。研究认为，它的主人是晋靖侯的夫人。遥想当年，它佩戴在晋侯夫人的身上，随着主人身体的优雅移动，各饰件在碰撞中发出清脆悦耳的声响，该是怎样的华贵至极、仪态万方？

在山西博物院的西周藏品中，还有多套类似这种由无数绿松石、玛瑙、海贝、玉牌等珍贵材质的组件串联起来的大型佩饰，它们是那么夸张地宣示着当年晋国的富庶和奢华！

炫目和华丽的黄金饰品，不仅为今天的我们所喜爱。早在几千年前祖先的冶金技术已经很发达了，人们还将黄金

带你走进博物馆

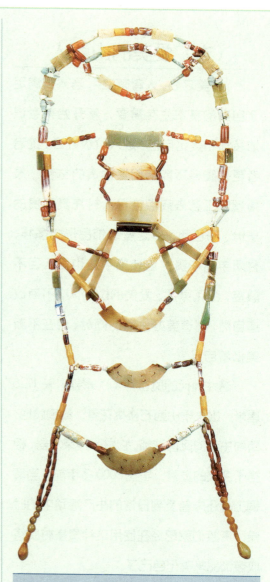

玉串饰　西周

制作成各种装饰品来佩戴。这件西周时期的金带饰，出土于晋侯墓地，发现于主人的腰间，应该是腰带上的装饰品。金带饰一组15件，黄金铸造而成，总重459.3克。其中最大的三角形饰件上有半浮雕的兽头装饰，刻画非常精细。由此可见，当时人们可以熟练掌控的金属冶炼铸造技术，不只是青铜铸造。

不要简单地认为，古人的装饰追求就是各种珍贵材料的堆砌！这件精致的

玛瑙项饰，光泽晶莹亮丽，它制成于遥远的战国时期，出土于山西长治分水岭墓地。它由打磨精细的玛瑙管串联而成，长达1.5米，间以零星的小绿松石珠作为点缀，简洁而雅致。原来简约之美早在2000多年前的古人也懂得。

这件华贵的玛瑙串饰出土于山西省寿阳县贾家庄村北齐库狄廻洛墓，距今已有将近1500年的历史。岁月的年轮，并没有掩去它的光泽，反而更为它沉淀出

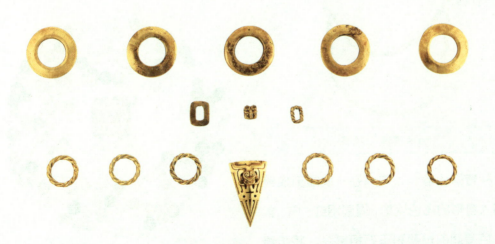

金带饰　西周

而出土于山西太原北齐武安王徐显秀墓的金镶宝石戒指则透露出浓郁的异域风情。金戒指联珠纹装饰，戒面镶有蓝宝石。宝石上阴刻有一人物，他双手持器，似乎正在舞蹈或祭祀，充满神秘色彩。金色的耀眼、蓝色的深邃，强烈的对比组合出一种特殊的美。据研究，它应该是中亚、西亚甚至地中海的舶来品。从戒指的磨损程度来看，我们也不难看出主人生前对它的喜爱程度。

玛瑙项饰 战国

一种特殊的韵味，中心是一块雕刻成兽面人身形的褐色琥珀，周围用红、白、紫各色莹润的玛瑙和玉石相串联，将华贵气息表达到极致。

玛瑙串饰 北齐

带你走进博物馆

金镶宝石戒指　北齐

唐代，是一个让人浮想联翩的时代。当时的妇女喜欢在发髻正中或周围插上若干个小梳子作装饰。贵妇们使用的梳子大都十分精致，质地多样，或银，或木，或玉。梳子上往往还嵌有其他饰件。"玉梳背"就是这种饰件中的一种，尤其受欢迎。山西博物院馆藏一件山西省永济县蒲州砖瓦窑出土的唐代玉梳背。梳背两侧以阴线刻画凤鸟纹装饰，纹饰流畅，堪称盛唐佳作。

隋唐盛世，政治经济发达，封建统治体系成熟。一些装饰品不仅是美的装点，也是身份等级的标示。当时，就连装饰在官服腰带上的装饰品——带铐的使用也有了严格的

玉梳背　唐代

等级制度。到了明代，带銙制度更加完善，文武官员按照官阶分别使用不同质地的革带。山西博物院藏的一套明代镂雕麒麟带銙，是1999年山西大同小南头村甘固总兵夫妇合葬墓出土的。全套共计19件，其中3块长条形小铺条，6块桃形，8块长方形，2块圆弧圭形。正面镂雕盘曲的麒麟纹，果叶衬底，非常精致。每件背面各有一个象鼻穿，用来穿线缝在革带上，其形制、花纹及雕法均呈现出明代中晚期纹饰雕琢细琐繁密的特点。

随着时代的发展，人们赋予装饰品更多的内涵，佩饰文化日渐复杂，美与时尚的概念在不断延伸。

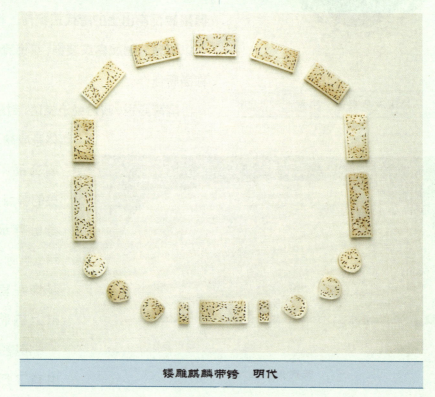

镂雕麒麟带銙　明代

（七）欢乐的黄土地

千百年来，在生产生活的间隙，黄土地上的人们以多姿多彩的娱乐活动丰富着自己的生活，表达着自己对生活的热爱。1973年出土于山西寿阳县贾家庄北齐库狄廻洛墓的胡人舞俑，高25厘米，表现了一位深目高鼻的老者正在尽情歌舞，他全身洋溢着豪放的气息，将热情乐观的内心世界展露无遗。

关于人类社会音乐舞蹈的起源，可以追溯到古老的洪荒时代。早在语言还没有产生时，人类就已经知道利用声音的高低、强弱来表达自己的思想和感情。在劳动的发展中，古人逐渐形成了统一的劳动号子和相互间传递信息的呼喊，这便是最原始的音乐雏形。当人们庆贺收获和分享劳动成果时，往往敲打石器、木器表达喜悦、欢乐之情，并随着节奏起舞，这便是原始音乐舞蹈的渊源。

胡人舞俑　北齐

山西省万荣县荆村出土的陶埙称得上中国最古老的吹奏乐器之一，是研究音乐起源及古乐器史的珍贵实物资料。

陶埙以黄土简单捏塑而成,有单孔、双孔和三孔之分,吹奏时可以发出几个高低不同的简单音阶。

陶埙　新石器时代

山西省石楼县曹家垣村出土的商代舞铙,长29厘米,全身满布链环,既可打击发声,又可摇动作响,它是中国最早的青铜打击乐器形式。当这些缠联的铜链环在挥舞中响起动人的旋律,也将人们的欢乐或忧伤向四周散播。

俳优

1983年朔县出土的俳优俑镇,一组4件,高在5.5至7.5厘米之间,这组精

舞铙　商代

巧的青铜镇,是汉代人们用来压席角的日常生活用具。它们造型各异,耐人寻味。通过它们,我们认识了当时的一种特

带你走进博物馆

俳优俑镇　西汉

殊的行业——俳优。

　　说到俳优，可能很多人会联想到日本的艺人。其实，俳优最早是中国古代文化中的内容。俳优是当时的贵族豢养的专职演艺人员，他们主要以表演滑稽戏为主。初期主要为统治者和贵族服务，他们以逗笑君王、为他们排遣无聊为己任。只要能搞笑，他们有时可以说一些出格的话以达到讽谏的效果。《史记》中就记载有优孟和优旃（zhān）利用滑稽戏的讽刺功能，对君王进行谏言的故事。

你看，这四位俳优击拍说唱，表情各异，他们一个个是多么投入和敬业啊！

杂技

中国杂技源远流长，至迟在春秋时已有多种表演项目。西汉时杂技开始兴盛，并大量吸收外来表演形式，节目更丰富，技巧更高难，成为当时社会的重要娱乐项目。根据记载，汉武帝为了显示国家的富庶广大，在元封三年（公元前108年）的春天，举行了盛大的宴会和赏赐典礼。在宴会进行中，演出了空前盛大的杂技乐舞节目。节目中有各种百戏技艺，还有外国杂技艺术家前来献技。安息（古代波斯）国王的使者带来了黎轩（今埃及亚历山大港）的幻术表演家，表演了吞刀、吐火、屠人、截马等魔术节目。这些技艺奇巧、场面盛大的演出，使四方来客对汉朝的广大和富强深为赞叹，达到了汉武帝夸示帝国昌盛富庶、吸引西域诸国结好汉室共同对付强敌匈奴的外交目的。

北朝时期，民族大融合的背景下，中亚和西域的艺术家大量入华，为中国杂技注入了新的活力。在山西这个"民族大熔炉"里，各种杂技艺术精采叠现。这些丰富内容在山西博物院藏的北朝出土文物中多有生动展现。大型杂技有多人表演的缘橦、履索和马术等；小型杂技多单人表演，有跳丸、叠案和踏蹻等。由此可见，杂技艺术在当时受欢迎的程度。

山西博物院藏的这组精彩的北魏杂技俑出土于山西省大同市曹夫楼村。这组彩绘杂技陶俑中，深目高鼻的胡人是顶橦者，他仰首直立，额头正中有一个圆孔，两个孩童正在他顶起的橦杆上做惊

杂技俑　北魏

险表演。显而易见，它们在生动传神地向我们展示着中国杂技艺术的独特魅力。它们虽然形体不大，还是最常见的陶泥质地，却曾多次远渡重洋，赴境外展出，受到各国人民的欢迎。

社火

社火起源于古人对土地的崇拜，最初是一种原始祭祀活动，千百年来，在民间广为流传。社火没有固定的表演场地，形式有舞蹈、跑旱船、舞狮、踩高跷、背棍、搭架火、扭秧歌等，内容主要是庆祝丰收和祈求平安。由于和日常生活息息相关，备受百姓喜爱。时至今日，新春时节闹社火依然是中国人的习俗。山西有句民谣："庄户人，要得乐，唱大戏，耍红火"，这里的"耍红火"其实就是闹社火。

在山西侯马金代墓葬中出土一组社火表演砖雕，生动反映了当时社火表演的形式和情景。作为金代社火表演的主要内容，"乔妇人"是指由一个人乔装成

瓜田乐砖雕　金代

妇女，后面有人撑伞或是持乐器，围绕"妇女"嬉戏耍闹；"变阵子"是由表演者模仿战阵，随着指挥变换队形的社火表演形式；"扑旗子"是由表演者执三角旗子以及剑、盾等道具，跳跃起舞；"瓜田乐"则表现了农民喜庆丰收的欢乐场景，主要以肩扛大瓜者为主，反映了古代农村生产和生活的景象。

社火表演中，还有一种专门由儿童来表演的娱乐活动，这就是"竹马戏"。"竹马戏"是一种传统的民间纸扎工艺与歌舞表演相结合的舞蹈形式。民间艺人们用竹条扎出骨架，外面蒙上彩帛或彩纸做成马的形状。竹马的腰间留一孔，可以套系于骑者的腰部，形成一种饶有情趣的民间娱乐活动。山西侯马出土的一组竹马戏砖雕之上，一群天真烂漫的儿童正套着纸扎的竹马高兴地起舞，场面热闹非凡。

戏曲

山西晋南地区，自古以来土地肥沃，经济富庶且文化发达。到金元时期，随着

竹马戏砖雕　金代

中国戏曲艺术的成熟，晋南的平阳（今山西临汾）地区发展成为与元大都齐名的戏曲艺术中心。

当时，戏曲成为人们生活中的重要内容。如今，散布于晋南乡间各地的大量民间古戏台正是当时戏剧繁荣的见证。当时很多人不仅生前爱看戏，死后还要将自己喜欢的戏曲带入墓葬，这在当时的晋南地区并不是鲜见。因此，考古工作者在晋南的宋元时期墓葬中发现了内容丰富的戏剧元素，如二十四孝、八仙、歌舞、伎乐……

发现于山西稷山县马村金墓中的二十四孝陶塑，一套24件，高10至28厘米不等，每件代表一个经典的孝子故事，生动传神。其中的一些孝子故事至今仍在山西的地方剧种中传唱。

孝道是中华民族传统文化的重要组成部分。汉代以来，孝子故事始终受到统治者推崇。金元时期，由于受到宋代以来理学的影响，孝子故事广为传布，成为戏曲中的重要题材，相关戏曲曲目层出不穷，如《行孝道目连救母》、《墙头记》、《芦花》、《三娘教子》等。道学家还选择了二十四个典型孝子故事，汇编成册，教化世人。

闵损单衣顺母砖雕　金代

带你走进博物馆

皮影

也许，对于今天的年轻人来说，皮影表演的概念已经很模糊了，至多是在博物馆或是民俗艺术节上才能看到的新鲜，但是在电影、电视普及之前，皮影可是广受欢迎的艺术形式。

皮影由牛皮或者驴皮镂雕而成，施以艳丽的色彩，光线下可以在幕布上投出清晰的影子，配以音乐、伴唱，有声有韵。无论广场厅堂、田间地头，几个人架起影窗、布幕和灯箱就能开演了。幕布后表演者紧张有序地操控着皮影上下翻飞，配唱优美动听，乐器表演也相得益彰。幕前人头攒动，津津有味，一片欢乐的海洋。

传统的皮影戏题材丰富多样，醉打金枝、三国演义、西游记等等，都是老百姓喜闻乐见的题材和内容。山西的皮影戏可以分为晋中和晋北两路，皮影制作造型精致，镂雕精美，色彩艳丽，具有很高的审美和欣赏价值。

山西是一片热情欢乐的土地。这里生活着一群热爱生活的人们。无论太平盛世，或是战乱频仍，坚强乐观的山西人始终以笑声面对生活的苦辣酸甜，不仅创造了生活之美，也享受着生活的乐趣。数千年来，正是他们在不断创造、丰富、呵护着多彩的三晋文化。

皮影戏互动

第三部分 跨越时空的对话

一、小小讲解员走进博物院

2007年5月18日，一年一度的国际博物馆日。这一天山西博物院里人头攒动，好不热闹！人群里，最吸引大家注意的是活跃在每个展厅的小讲解员们。他们是来自太原市南内环双语学校的小学生。悠久的历史通过稚嫩的声音传递出来，吸

小小讲解员活动开幕式

引了很多观众的注意力。他们热情洋溢地工作着，全然没有一个孩子站在大庭广众下的羞涩。工作中，他们热情地搀扶老人、引导观众，获得阵阵好评，给观众留下了深刻的印象。但是很少有人知道，为了这一天，这19个小朋友经历了很长时间的讲解培训，付出了很多的努力。

这是山西博物院举办的"小小讲解员走进博物馆"活动，让经过培训的小学生走上讲解服务岗位，传播历史文化，体验为人民服务的快乐。

一年后的同一天，已经实行免费开放的山西博物院里，36个小学生出现在了各个展厅，他们以同样出色的表现完成了一天的工作。工作中，有陪同的家长听到孩子沙哑的声音，心疼得递上水，希望孩子润润喉咙。我们的小小讲解员严肃地说："我正在工作呢"，引得周围观众一片笑声，对他们的敬意也油然而生。他们来自太原迎泽区教育局下属的6所小学。

2008年10月9日，在太原市教育局的充分肯定和大力支持下，太原市"山西博物院小小讲解员"活动启动仪式，"小小讲解员走进博物馆"活动从此走向了更广阔的舞台。每逢节假日，观众都有可能在博物院看到他们热情、活泼、可爱的小身影。

博物馆不仅是传播历史知识的圣殿，更是展示现代文明的殿堂。让成长中的孩子有机会站在博物馆这个文明的"演示台"上，是山西博物院送给他们的一份特殊的成长礼物。

带你走进博物馆

二、打制石器：远古生存体验

当你面对石器时代展柜中的一件件石器，你是否曾有过这样的疑问：这些真的是古人制作的吗？它们和普通石头有什么区别？它们真的能够挖掘地下的根茎，甚至可以削割动物的皮毛吗？

如果你参加过山西博物院的"打制

打制石器互动

石器"的远古生存体验，相信你的这些疑问就会随之消失了。

每逢重大节假日，在山西博物院的《文明摇篮》展厅，会有考古工作者进行打制石器的表演，部分观众也可以在专家的指导下参与进来。

通过这样的一次活动，考古工作者会帮助观众认识石器的特征，比如打击点、打击台面、辐射线等等。对这些人工加工特征有了了解，你就能将石器和普通的石头区分开来了。

在这样的活动中，观众还会认识一种叫做角页岩的黑色石料，它质地细密，硬度极高，用它打出来的石器的刃部锋利异常。大约距今 12 万年前，这种角页岩就是生活在山西南部的丁村人用来打制石器的主要材料。

当然，要想将坚硬的石头打成石器，除了需要技巧，还需要一定的力量才能完成。当石屑飞溅，你的手也被震得发麻，你就会深刻地感受到：在遥远的史前时代，人类的生存是何等的艰难！自古而今，我们人类已经实现了多大的发展跨越！

带你走进博物馆

三、声、光、电的乐趣

　　现代化的博物馆已将单调的文物陈列变成历史的老照片，全新的、互动的、声光电一体的现代化展示手段不断推陈出新。

　　走进山西博物院的各个展厅，光与影的巧妙运用为每一件文物营造出恰当的展示氛围，一些声光电的场景更是为观众留下深刻的印象。

　　当你正沉醉于晋侯墓地的精美文物，一幅宏大的战争场面呈现在你的面前：蓝色的天空下，晋、楚两军正在对抗，近处战车倾倒，将士阵亡，一幅惨烈的战争画面。如果你还没有明白其间的含义，富有磁性的解说随着背景音乐适时而起，将著名的城濮之战的前因后果娓娓道来。灯光随着历史与战争的推进不断变换，厮杀与呐喊声将你

城濮之战场景

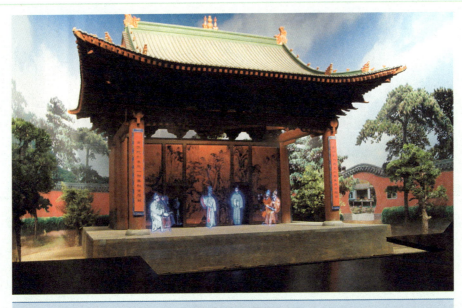

幻影成像戏曲演出

带到鲜活的战争中，恍若近处的、远处的人物都在瞬间复活……

走进《戏曲故乡》展厅，丰富多彩的民间戏剧文化元素将你深深吸引，歌舞伎乐、社火表演、民间戏曲，让人目不暇接。如果你走过一个不起眼的小戏台，在感应系统的作用下，戏台上会有一曲《西厢记》或者《苏三起解》为你开演了！这是采用幻影成像原理设计的展示方式。舞台上虚幻的人物画面与真实的舞台背景合为一体，常常引得很多观众围观称奇。

除此之外，在山西博物院，你还能近观远古人类的渔猎篝火，到"陶寺观象台"看日出，透过复原的晋侯墓葬了解晋国用玉的奢华，走近惊世的娄睿墓欣赏精美的壁画，……现代科技与古代文明共同为观众谱写出三晋大地昨天和今天的辉煌！

带你走进博物馆

后 记

　　雷抒雁的一首小诗《星星》中，这样写道："仰望星空的人／总以为星星就是宝石／晶莹，透亮，没有纤瑕／飞上星星的人知道／那儿有灰尘、石渣／和地球一样复杂。"每一位参观博物馆的人都是幸福的，隔着厚厚的展柜玻璃，陪衬着现代化的灯光、背景，精致的文物与灿烂的历史在瞬间复活。这是无数博物馆人用夜以继日的、平凡而细致的工作为公众撑起的美丽历史星空。

　　在山西博物院，同样有这样一群勤劳而敬业的文博工作者。在这里，我们不奢求，你能记得他们的名字或了解那些繁琐的工作，只是期待着通过此书作为媒介，与你在龙城太原、汾水河畔有一个美丽的约会，共赏那美丽的星空。

山西博物院参观提示

开放时间：上午 9：00 —下午 5：00 （4：00 停止入馆）

　　　　　　每周一、农历腊月三十和正月初一闭馆。

地　　址：山西省太原市滨河西路北段 13 号

团队预约：0351－8789555

公交线路：

1．乘 865 路公交车在省博物院下车即是。

2．乘 6 路、602 路、803 路、807 路、831 路、845 路、866 路公交车在漪汾桥西下车，向东 50 米滨河体育中心对面。

3．乘 1 路、38 路、611 路、618 路、618 路、809 路、813 路、822 路、848 路、855 路、859 路、863 路、308 路公交车在迎泽桥西下车往北。

带你走进博物馆

图书在版编目（CIP）数据

山西博物院／陈汾霞编著. -- 北京：文物出版社，
2009.10（2024.9重印）
（带你走进博物馆）
ISBN 978-7-5010-2832-0

Ⅰ.山… Ⅱ.陈… Ⅲ.博物馆－简介－山西省 Ⅳ.
G269.272.5

中国版本图书馆CIP数据核字（2009）第161808号

山西博物院

编　　著　山西博物院
撰　　稿　陈汾霞
摄　　影　厉晋春

封面设计　周小玮
责任印制　张　丽
责任编辑　王　扬

出版发行　文物出版社
社　　址　北京市东城区东直门内北小街2号楼
邮政编码　100007
网　　址　http://www.wenwu.com
邮　　箱　wenwu1957@126.com
经　　销　新华书店
制版印刷　文物出版社印刷厂有限公司
开　　本　880mm×1230mm　1/24
印　　张　4.5
版　　次　2009年10月第1版
印　　次　2024年9月第5次印刷
书　　号　ISBN 978-7-5010-2832-0
定　　价　25.00元